Q & A

Q&A ON THE NUMBER ACT

番号法

水町雅子・著

有斐閣

はしがき

　番号法が平成25年5月24日に成立しました。番号法に基づき，全国民が自分や家族の個人番号を取り扱うことになります。会社をはじめとする民間事業者は，従業員・顧客・株主などの個人番号を取り扱うことが必要になります。また地方公共団体・行政機関では，住民・国民などの個人番号を取り扱い，行政事務を遂行していくこととなります。

　「Q&A番号法」では，これらの方や会社・機関が番号法に対応するために重要となる点，頻出する論点について解説しています。本書は番号制度の入門編・中級編として，番号制度に初めて触れる一般個人のみならず，個人番号利用事務等を実施する民間事業者，健康保険組合，地方公務員，国家公務員から，社会保険労務士・税理士・弁護士などの法律実務家まで，幅広い読者層を想定して執筆しています。

　本書で解説した点は，一般個人の方が疑問に感じられる点から，番号法の法解釈の要点まで多岐にわたりますが，本書を読めば，番号制度のポイントをつかむことができるような構成を心がけました。まず「Ⅰ.番号制度の全体像」にて番号制度全体にかかわる論点を解説した後，「Ⅱ.番号法の解説」で番号法にのっとった個人番号の取扱いを行うためにポイントとなる点を解説しています。番号制度の全体像を把握するためには，「Ⅰ.番号制度の全体像」を，番号法の解釈・執行の要点を把握するためには，「Ⅱ.番号法の解説」をご覧いただければと思います。「Ⅰ.番号制度の全体像」では一般個人の方が疑問に感じられる点を中心に記載しましたが，これらの点は，行政機関・地方公共団体においても，特に一般個人の方の問い合わせに対応する窓口業務などでは，論点を把握することが有用であると考えられます。「Ⅱ.番号法の解説」では，法解釈を行う際に重要となる点を解説していますので，

番号制度を既にご存知の方が読んでも，新しい視点が得られるのではないかと考えています。

　なお，本書のうち意見にわたる部分は筆者の個人的見解にすぎず，内閣官房や特定個人情報保護委員会などの公的見解を示すものではない点に，ご留意いただければと思います。

　番号法は新法であり，また多数の事務に影響を及ぼす法律であることから，法案立案に際しては，多数の困難に直面することがありました。番号法成立後も，厳しい局面に遭遇することがありましたが，さまざまな方のお力をお借りして，難局を乗り越えることができました。特に，三牧義也内閣官房社会保障改革担当室主査・特定個人情報保護委員会事務局総務課主査は，複雑な局面でも問題をまっすぐに見つめて創造性・柔軟性に富んだ提案をしてくださるなどいつも精力的に業務に取り組まれ，心強い支えとなってくださいました。また磯村建内閣官房社会保障改革担当室参事官補佐・特定個人情報保護委員会事務局総務課課長補佐には，ウィットに富んだご示唆とあたたかい励ましをいただき，番号法本格稼働に向けた業務の励みになりました。

　また有斐閣の足立暁信氏には，ジュリストの番号法特集に引き続き，本書を編集していただきました。足立氏には，きめ細やかなご配慮や丁寧なご説明をいただき，大変お世話になりました。また，龜井聡雑誌編集部次長・ジュリスト編集長にも大変お世話になりました。両氏に心よりお礼申し上げます。

平成 26 年 2 月
水町雅子

CONTENTS 1

はしがき

Ⅰ. 番号制度の全体像

1. 総論

PAGE

Q.01 番号法とは何のための法律ですか。
番号法によるメリットとデメリットは何ですか。……… 002

Q.02 番号法の規制を簡単に説明してくれませんか。……… 006

2. 個人番号

Q.03 個人番号は全員に配られるのですか。……………… 008

Q.04 個人番号は誰が何のために使うのですか。………… 010

Q.05 個人番号はなぜ社会保障・税・災害対策分野でしか利用されないのですか。これらに類する分野とはなんですか。 014

Q.06 個人番号は自由に選べますか。変更は認められますか。……… 016

3. 通知カード・個人番号カード

Q.07 通知カード・個人番号カードとは何ですか。
全員に配られるのですか。……………………………… 018

Q.08 住基カードとは何が違うのですか。………………… 020

4. 情報提供ネットワークシステム，マイ・ポータル

Q.09 情報提供ネットワークシステムとは何ですか。…… 022

Q.10 マイ・ポータルとは何ですか。……………………… 024

Q.11 住基ネット・住民票コードと何が違うのですか。… 026

5. 番号制度に対する疑問・懸念

- Q.12 個人情報の巨大データベースが作成されるのですか。
  国が個人の情報を管理してよいのですか。……………………… 030
- Q.13 なりすましが起こりませんか。…………………………………… 032
- Q.14 個人番号から病歴，犯罪歴，所得額などがわかるのですか。… 034
- Q.15 個人番号が漏えいしたり個人番号カードを紛失したら，
  どうなってしまうのですか。…………………………………… 038
- Q.16 自分の個人番号を忘れてしまったら
  行政サービスが受けられなくなるのでしょうか。……………… 042
- Q.17 基礎年金番号，雇用保険の番号など，
  既にある番号はどうなるのですか。…………………………… 044

6. 今後のスケジュール

- Q.18 今後のスケジュールを教えてください。………………………… 046
- Q.19 番号制度の民間活用はどうなっているのですか。…………… 050

Ⅱ. 番号法の解説

- Q.20 番号法の構成を教えてください。……………………………… 054

1. 個人番号
(1) 定義

- Q.21 個人番号とは何ですか。………………………………………… 056
- Q.22 特定個人情報とは何ですか。…………………………………… 058

CONTENTS 2

- Q.23 アクセス記録（情報提供等記録，情報連携記録）とは何ですか。……… 060
- Q.24 特定個人情報ファイルとは何ですか。……… 062
- Q.25 個人番号利用事務・個人番号関係事務とは何ですか。……… 064
- Q.26 死者の情報は番号法上どうなっているのですか。……… 068

（2）特定個人情報保護規制 総論

- Q.27 個人情報保護法令とはどういう関係になるのですか。……… 070
- Q.28 個人情報保護法令との相違点は何ですか。……… 072
- Q.29 特定個人情報を適法に収集して利用・提供するためには，特に何に留意すればよいですか。……… 076
- Q.30 地方公共団体が特定個人情報を適法に収集して利用・提供するためには，特に何に留意すればよいですか。……… 080
- Q.31 地方公共団体の個人情報保護条例はどうなるのですか。……… 088
- Q.32 報道機関・著述者・研究機関・宗教団体・政治団体への適用はどうなるのですか。……… 092

（3）利用規制

- Q.33 特定個人情報の利用規制はどのようなものですか。……… 094
- Q.34 民間事業者が，個人番号を顧客番号／社員番号として利用してもよいですか。……… 098

（4）提供規制

- Q.35 特定個人情報の提供規制はどのようなものですか。……… 100

Q&A 番号法
Q&A ON THE NUMBER ACT

- Q.36 自分の個人番号を公開したり他人に教えたり，会員IDとして利用してもよいですか。……… 102
- Q.37 個人番号を利用したり提供してよいのはどのような場合ですか。……… 104
- Q.38 本人の同意があれば，他人の個人番号を収集してもよいですか。……… 108
- Q.39 本人確認規制はどのようなものですか。……… 110
- Q.40 身分証明書として個人番号カードの提示を求めてもよいでしょうか。……… 112
- Q.41 個人番号が漏えいしないか不安なので，勤務先や市区町村などに個人番号を提供したくありませんが，どうしたらいいですか。……… 114

(5) 管理規制

- Q.42 特定個人情報の管理規制はどのようなものですか。……… 116
- Q.43 委託に当たり留意すべき点は何ですか。……… 118

(6) 本人からのアクセスの充実

- Q.44 本人が特定個人情報へアクセスできるための措置はどのようなものですか。……… 120
- Q.45 全ての特定個人情報，アクセス記録が開示されるのですか。…… 124

(7) 情報保護評価

- Q.46 情報保護評価とは何ですか。……… 126

CONTENTS 3

- Q.47 情報保護評価が義務付けられるのはどのような場合ですか。
民間事業者も情報保護評価を実施しなければなりませんか。 ···· 128
- Q.48 情報保護評価を実施するためには，何をすればよいですか。 ···· 130
- Q.49 情報保護評価を実施すれば，
特定個人情報の漏えいは起こらないのですか。 ························ 134

(8) 執行強化 ①

- Q.50 特定個人情報保護委員会とは何ですか。 ······················· 136
- Q.51 特定個人情報保護委員会は何をするのですか。 ················ 138

(9) 執行強化 ②

- Q.52 どのような罰則が規定されていますか。
特定個人情報保護委員会による対応と
罰則の関係はどうなっているのですか。 ···························· 142
- Q.53 個人，法人，法人の従業員など，
あらゆる人に対して罰則が規定されているのですか。 ·············· 145

2. 法人番号

- Q.54 法人番号は誰に付番されるのですか。 ····························· 148
- Q.55 法人番号を使うことができるのはどのような場合ですか。 ········ 150

Q & A
Q&A ON THE NUMBER ACT

番号法

I. 番号制度の全体像

Q. NUMBER **01** → NUMBER **19**

1. 総論

Q. NUMBER 01

番号法とは何のための法律ですか。
番号法によるメリットとデメリットは何ですか。

A.

番号法は，全国民等に対し個人番号を，法人等に対し法人番号を付番し，これらの個人番号・法人番号を安全に活用することで，国民の利便性向上・行政運営の効率化を図るための法律です。

1．正式名称

番号法の正式な名称は，「行政手続における特定の個人を識別するための番号の利用等に関する法律」です。政府ではこの法律を「番号法」と呼んでいますが，このほか，「マイナンバー法」「共通番号法」「番号利用法」などとも呼ばれています。番号法は平成25年5月24日に成立し，同月31日に公布されました。

2．番号法によるメリット

番号法のメリットは，情報管理・情報検索・情報連携の効率化・正確化です。番号法に基づき個人番号・法人番号を導入することで，対象者を正確に特定することができるようになります。

番号がないと，Aという情報とBという情報があっても，それが同一人の情報かどうかを正確に把握するための手段がありません。通常は，氏名・生年月日・性別・住所（基本4情報）を用いて，同一人であるかを確認することが考えられますが，住所，氏名，そして性別も変更になるものであり，全国民を対象とする行政サービスなどにおいては，これらの情報のみで個人を特定することが難しい場合もあります。さらにコンピュータでの処理では，「渡辺﨑子さん」と

「渡邊崎子さん」が同一人物かどうか,「千代田区永田町 1-1-1」と「千代田区永田町 1 丁目 1 番地 1 号」が同一住所かどうかを判断するのが難しい場合もあります。

これに対し個人番号・法人番号は,特定の個人／法人に対し 1 つしか付番されないため,どの方／どの法人の情報であるかを正確・迅速に確認することができます。これによって,情報管理・情報検索の正確化,異なる分野との迅速な情報連携,行政手続の簡素化,国民に対する積極的な情報提供などが行えるようになり,国民の利便性向上及び行政運営の効率化を図ります。

3. 番号法による具体的な効果
(1) 迅速な被災者支援

個人番号を用いることで,氏名,生年月日,性別又は住所が変わっても,同一人物であることが迅速に把握できるようになるため,迅速な被災者支援も可能となります。災害時には,被災者が,被災地から非被災地へ住民票住所や居所を変更することも考えられますが,住所や居所ではなく個人番号を用いて情報管理を行うことで,その方が災害時に被災地に住んでいて,現在は別の場所に避難されていることを,迅速に把握できるようになると考えられます。

(2) より正確な所得把握

現行制度下でも所得税法などに基づき,一定の支払を行った者は,税務署に対し法定調書を届け出ることが義務付けられています。税務当局は,これにより,支払を行った側から提出された法定調書と,支払を受けた側から提出された納税申告書の内容を突合させることで,納税者の申告内容の正確性を確認することができます。番号法施行後は,この法定調書や納税申告書に個人番号を記載することで,個人番号をキーとして各種資料を迅速に突合できるようになり,より効率的かつ正確な所得把握が可能となります。

また,たとえば両親が一人の子どもを同時に扶養控除申請している場合なども,個人番号を用いることで迅速に把握することができ,不正等をより正確に是正することができるようになります。

(3) よりきめ細やかな社会保障

　所得把握がより正確化すれば，所得額に応じたきめ細かい社会保障政策の導入も可能となります。また個人番号を用いて迅速な情報連携が行えるようになることから，1つの制度内に閉じた社会保障ではなく，さまざまな制度の壁を越えた包括的な社会保障政策も可能となることが考えられます。

　たとえば，現行の高額医療・高額介護合算制度（医療保険と介護保険における1年間の自己負担の合算額が著しく高額になる場合に，負担を軽減するための仕組み）ではなく，医療・介護・保育・障害など，幅広い制度間での自己負担の合算額に上限を設定する総合合算制度など，制度横断的な政策を導入することも可能となります。

(4) 行政手続の簡素化・情報検索の効率化

　現在では，行政手続の際に国民の側で必要資料（所得証明書，住民票など）を入手しなければならない場合も多いですが，番号法に基づく情報連携がなされることで，行政機関間で直接資料をやりとりできるようになり，行政手続が簡素化し，国民の手続負担の軽減が図られます。

　また，個人番号を利用することで，行政機関にとってはより正確な情報を把握できるようになるため，マイ・ポータル（→Q10）などを通じて，国民一人ひとりに合わせたお知らせを行うことも可能となります。たとえば乳幼児を養育されている方に乳幼児関連サービスをお知らせしたり，高齢者の方に高齢者支援情報をお知らせしたりすることも可能となり，国民にとっては，自分が受給することのできる行政サービスを検索する手間が効率化・省力化することも考えられます。

4. 番号法によるデメリット

　しかし，このような効果は，個人番号が，対象者を正確に特定することができるために生じ得るものです。個人番号の対象者特定機能は，これらの効果と同時に，個人のプライバシー権等を侵害するおそれも有するものです。個人番号を用いれば，行政機関などが保有する多種多様な個人情報を突合・集約することができるため，本人の知らない間に，国や企業に自分の個人情報を管理・売買された

り，漏えいされたりする危険性もあります。

5. 番号法による保護措置

　そこで番号法では，個人番号・法人番号の活用を通して国民の利便性向上及び行政運営の効率化を図るとともに，個人番号の正当な取扱いを確保するため，個人番号をその内容に含む個人情報（以下，「特定個人情報」といいます，→Q22）について，さまざまな保護措置を規定しています。個人番号の有する危険性に鑑み，番号法では，現行の個人情報保護法令よりも一層高い保護措置を規定しています（→Q27・Q28）。

　特定個人情報の利用規制，提供規制，管理規制などを設けるほか，何か問題が起こってから対応を行うのではなく問題が発生する前に事前に対応を行う事前評価（情報保護評価）制度を新設します。また不正行為に対する罰則も強化します。さらには，特定個人情報の適切な取扱いを担保するため，行政機関，地方公共団体，民間事業者などにおける特定個人情報の取扱いを監視・監督する特定個人情報保護委員会を設立します。これら保護措置については，Q2をご覧ください。

1. 総論

Q. NUMBER 02

番号法の規制を簡単に説明してくれませんか。

A. 番号法では、特定個人情報の取扱いに対し規制を設けていますが、その要点は、特定個人情報を必要以上に利用したり、決められた場合以外に提供したり、ずさんな管理をすることを禁止するものです。

1. 個人番号の悪用を防止

個人番号が悪用されると、たとえば個人番号をキーとして、興味本位で個人情報を収集したり、収集した個人情報を売買したり、他人になりすまして年金給付を受ける者などが出現するおそれも考えられます。

そこで番号法では、個人番号が適切に取り扱われるよう、①特定個人情報を利用する際に注意すべき**利用規制**、②特定個人情報を提供・収集・本人確認等する際に注意すべき**提供規制**、③特定個人情報を管理する際に注意すべき**管理規制**、④**本人からのアクセスを充実させるための措置**、⑤総合的なリスク対策を検討する**情報保護評価**、⑥特定個人情報の不正取扱いに対する**執行強化**を行います。以下ではそれぞれのポイントを簡単に説明していきます[1]。

2. 特定個人情報を利用する際の注意点（利用規制：Q33・Q34）

・特定個人情報を必要以上に利用してはいけません。
・特定個人情報を利用する目的を明確にする必要があります。

3. 特定個人情報を提供・収集等する際の注意点（提供規制：Q35〜Q41）

・特定個人情報は必要以上に他人に渡してはいけません。
・特定個人情報は必要以上に他人に提供を求めてはいけません。
・特定個人情報を不正に入手してはいけません。
・特定個人情報を取り扱う業務でも，これまで通り本人確認を行い，かつ個人番号を受け取る際は個人番号がその人のものか確認する必要があります。

4. 特定個人情報を管理する際の注意点（管理規制：Q42・Q43）

・特定個人情報は必要以上に保管してはいけません。
・個人番号が漏えいしたりしないよう，適切に管理する必要があります。
・委託先に対し必要な監督などを行う必要があります。

5. 本人からのアクセスの充実（Q44・Q45）

・行政機関などは，特定個人情報の開示・訂正・利用停止を充実させる措置を講じる必要があります。

6. 情報保護評価（Q46〜Q49）

・行政機関などは，総合的なリスク対策を予め行う情報保護評価を実施する必要があります。

7. 執行強化（Q50〜Q53）

　特定個人情報が適切に取り扱われるためには，法規制を設けるのみでなく，法規制が遵守されることが必要です。番号法では以下を通し執行強化を図ります。
・特定個人情報の取扱いに関し，特定個人情報保護委員会の監督に服させます。
・不正行為に対して罰則を強化します。

---

1) Q2では規制の趣旨を明らかにする意図から，わかりやすさを重視して，詳細な説明を省略しています。番号法の規制の正確な理解のためには，「Ⅱ　番号法の解説」をご参照ください。

2. 個人番号

Q. NUMBER 03

個人番号は全員に配られるのですか。

A. 個人番号は，全国民，一定の外国人住民に対し，配られます（7条1項，附則3条1項・2項・3項）。

1. 個人番号の付番対象者

個人番号は行政事務・行政手続において用いられるため，その対象となる①全国民，②行政サービスの対象となり得る外国人住民に対して，付番されます。

2. 国民

個人番号は，日本に住所を有している全ての国民に付番されます。海外在住者については，日本に住所を移した後，速やかに個人番号が付番されます。

年齢の制限などはなく，したがって新生児にも個人番号が付番されます。お子さんにも個人番号が付番されるのは，児童手当の申請，扶養控除の申請，乳幼児医療費助成など各種行政事務・行政手続で，個人番号を利用する必要があるためです。個人番号は，社会保障・税・災害対策分野で利用されるため，ある一定の年齢層だけでなく，人の生涯にわたって利用されることとなります。

3. 外国人

個人番号は，観光目的の短期間滞在者などを除いた，適法に3か月を超えて在留する外国人に対しても，配られます。具体的には，中長期在留者，特別永住者，一時庇護許可者，仮滞在許可者，経過滞在者に対し，付番されます（図1参

照)。これらの方は，住民票が作成される対象者でもあります。

　一度，個人番号を付番された外国人が，日本国外へ転出後再び日本に在留することになる場合は，以前に付番された番号を再度利用することが予定されています。

図1／個人番号が付番される外国人住民

中長期在留者	我が国に在留資格をもって在留する外国人であって，3か月以下の在留期間が決定された者や短期滞在・外交・公用の在留資格が決定された者等以外の者
特別永住者	入管特例法[1]により定められている特別永住者
一時庇護許可者又は仮滞在許可者	入管法[2]の規定により，船舶等に乗っている外国人が難民の可能性がある場合などの要件を満たすときに一時庇護のための上陸の許可を受けた者（一時庇護許可者）や，不法滞在者が難民認定申請を行い，一定の要件を満たすときに仮に我が国に滞在することを許可された者（仮滞在許可者）
出生による経過滞在者又は国籍喪失による経過滞在者	出生又は日本国籍の喪失により我が国に在留することとなった外国人

出典／総務省ホームページ

4. 個人番号の通知時期

　個人番号は市区町村長から平成27年10月を目途に，郵送にて通知される予定です。番号制度に伴い，付番対象者全員に通知が一斉に行われるものであり，「一斉付番」「一斉指定」などとも呼ばれています。

　一斉付番以降は，海外在住者・外国人については日本に住所を移した後，新生児については届出がなされた後，速やかに個人番号が付番・通知されます。

---

1) 日本国との平和条約に基づき日本の国籍を離脱した者等の出入国管理に関する特例法。
2) 出入国管理及び難民認定法。

Q. NUMBER 04

個人番号は誰が何のために使うのですか。

A.

　　個人番号は，社会保障・税・災害対策の分野で利用されます。個人や民間事業者は社会保障手続や税務手続で個人番号を利用し，行政庁などでは社会保障・税・災害対策のための行政事務で個人番号を利用します。

1．個人番号の利用分野：社会保障・税・災害対策

　個人番号は，社会保障・税・災害対策の3分野で利用されます。以下では，それぞれの分野で誰が何のために個人番号を使うこととなるのか，個人が個人番号を利用する場面，民間事業者が個人番号を利用する場面，行政機関や地方公共団体が個人番号を利用する場面に分けて，解説します。

2．社会保障分野

　社会保障分野では，年金の加入管理・保険料徴収などの各種事務や，健康保険の加入管理・給付・保険料徴収などの各種事務，雇用保険の加入管理・保険料徴収などの各種事務，児童手当，生活保護，障害者福祉などのその他社会保障事務における給付・認定などの各種事務に，個人番号が利用される予定です。個人番号を利用することで，個人番号をキーとして各種資料を迅速に突合したり各種情報連携を正確に実行できるようになり，また税分野とあわせて個人番号を利用することで，所得額に応じたきめ細かい社会保障政策の導入も可能となります（Q1の解説**3**(3))。

(1) 個人が個人番号を利用する場面

個人が具体的にどのような場面で個人番号を利用するかというと，上記の年金，健康保険，雇用保険，児童手当などの各種手続において，氏名・住所などとともに，自分の個人番号を記載した申請書などを提出することが考えられます。会社員の方の場合は，勤務先を介して日本年金機構や健康保険組合などに自分の個人番号を届け出る場合が多く，自営業の方の場合は市区町村などに直接自分の個人番号を届け出る場合が多いと考えられます。

(2) 民間事業者が個人番号を利用する場面

民間事業者は，上記の年金，健康保険，雇用保険などの各種手続において，従業員から，従業員の個人番号を記載した申請書などを受け取り，日本年金機構や健康保険組合などへ提出することが考えられます。このような個人番号の利用は個人番号関係事務に該当しますが（→Q25），民間事業者のみでなく，人を雇用している国や地方公共団体，その他団体などにおいても，民間事業者と同様に，個人番号関係事務として個人番号が利用されます。

(3) 行政機関や地方公共団体が個人番号を利用する場面

行政機関や地方公共団体では，年金の加入管理・保険料徴収などの各種事務，健康保険・共済の加入管理・給付・保険料徴収などの各種事務などに，個人番号を利用します（個人番号利用事務，→Q25）。個人や民間事業者とは異なり，手

図2／個人—民間事業者—行政庁における個人番号の利用

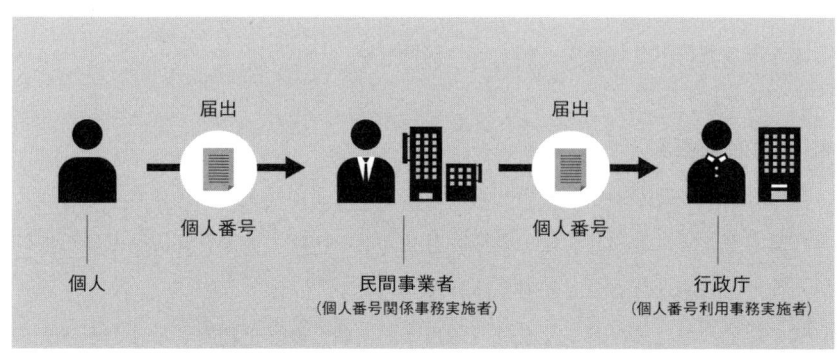

続を行う際に個人番号を利用するだけではなく，行政事務本体で個人番号を利用します。

3．税分野

税分野では，国税・地方税の賦課徴収などの事務に，個人番号が利用されます。法定調書や確定申告書に個人番号が記載されると，税務当局では，個人番号をキーとして各種資料を迅速に突合できるようになり，これにより効率的かつ正確な所得把握が可能となります。

(1) 個人が個人番号を利用する場面

会社員の方であれば，給与を支払う勤務先に対し自分の個人番号を届け出ることで，年末調整などの際に個人番号が利用されることとなります。自営業の方であれば，報酬などを受領する際に相手方に対し自分の個人番号を届け出ることで，相手方が提出する法定調書に自分の個人番号が記載されることとなります。また確定申告時に自分の個人番号を記載することが考えられます。

(2) 民間事業者が個人番号を利用する場面

民間事業者は，従業員・顧客・株主などから，個人番号を記載した書面などを受け取り，「給与所得の源泉徴収票」「報酬，料金，契約金及び賞金の支払調書」といった法定調書に個人番号を記載した上で，税務署へ提出する必要があります。このような個人番号の利用も個人番号関係事務に該当します（→Q25）。

(3) 行政機関や地方公共団体が個人番号を利用する場面

行政機関や地方公共団体では，国税・地方税の賦課・徴収など，行政事務本体で個人番号が利用されます（個人番号利用事務，→Q25）。

4．災害対策分野

災害対策分野での個人番号の利用は，地方公共団体によって異なることが考えられますが，防災計画の策定・要援護者リストの作成・被災者支援などのために個人番号が利用されることが考えられます。

個人にとっては被災者支援を受ける際などに個人番号を利用することが考えら

れますが，避難時に自分の個人番号を覚えておく必要は必ずしもないと考えられます（→Q16）。

5. 個人番号の利用開始時期

個人番号の利用は，平成28年1月を目途に開始されます。

なお，個人番号の利用範囲は番号法主務省令や，個別事務の根拠法令において確定するものであり，上記に記載した個人番号の利用場面は，現段階での想定であり，確定しているものではありません。

Q. NUMBER 05

個人番号はなぜ社会保障・税・災害対策分野でしか利用されないのですか。これらに類する分野とはなんですか。

A.

情報管理・検索・連携の効率化という番号制度の目的と，プライバシー権保護の調和を図るため，個人番号は社会保障・税・災害対策分野及びこれらに類する事務でのみ利用することとされています。

社会保障・税・災害対策に類する事務とは，公営住宅や奨学金のように，これらに類似する目的を持つ事務をいいます。

1．番号制度の目的から見た利用範囲

番号法上個人番号を利用することができるのは，社会保障・税・災害対策，そしてこれらに類する事務に限定されています。なお，社会保障・税・災害対策に類する事務とは，公営住宅や奨学金のように，厳密にはこれら3分野とはいえないものの，これらに類似する目的を持つ事務をいいます。

番号制度は個人番号が有する対象者特定機能を活用して，情報の効率的な管理・検索・連携を実現し，国民の利便性向上及び行政運営の効率化を図る制度です。しかし個人番号が効果を発揮するのは，これら3分野に限定されるものではありません。その他の分野でも個人番号を利用すれば，効率化が図られると考えられ，番号制度の効果発揮という観点からのみ考えれば，個人番号の利用を3分野に限定する必要はありません。

2．プライバシー権保護から見た利用範囲

しかし個人番号をあらゆる分野で利用すれば，ある特定の個人に関する多種多

様な情報を，個人番号をキーとして結合・検索することが可能となり，不正利用された場合のリスクが極めて大きいと考えられます。これに対し1分野でのみ個人番号を用いていれば，個人番号が不正利用されたとしても，収集できる情報が限定されます。プライバシー権保護の観点からは，個人番号の利用範囲をできる限り限定することが求められます。この観点から考えれば，社会保障・税・災害対策のための共通番号ではなく，1分野につき1番号とすることも考えられます。

3. 番号法上の利用範囲

しかしプライバシー権保護を徹底し，1つの分野に1つの番号を導入すれば，番号制度が導入されていない現状とほぼ変わらず，本人にとっては複数の番号を覚えておき管理しなければなりません。さらには別々の分野であっても情報連携を行わなければならない場面が考えられますが，分野ごとに番号が異なると，情報連携が困難になることも考えられます[1]。

そこで番号法では，これらの点を踏まえ，社会保障・税・災害対策，そしてこれらに類する分野に限定して，個人番号の利用を認めることとしています。

ただしプライバシー権保護のため，番号法では個人番号の利用分野だけでなく，個人番号が利用される個々の事務も限定し，原則として社会保障・税・災害対策分野のうち，番号法又は条例に規定された行政事務・行政手続でのみ個人番号を利用することができます。また個人番号は行政内利用が原則であり，民間事業者による営利目的利用などは禁止されています。そのため個人番号と紐付く情報が限定され，個人番号によって入手できる情報の価値は比較的低いものと考えられます。このように番号法では，利用範囲の限定，利用事務の限定，行政内利用の原則などを通し，個人番号の悪用を防ぎ，プライバシー権保護を図ります。

---

1) この点，情報提供ネットワークシステムにおける連携符号の利用のように，番号が異なっていても，異なる番号同士をシステム上で紐付ければ（→Q9の解説 **3**），情報連携は可能であるとも考えられます。しかし，全ての情報連携についてシステムを介すことは現実的には困難であり，特に行政手続などの場面では，書面の提出といったシステムを介さない情報連携を認める必要があります。

2. 個人番号

Q. NUMBER 06

個人番号は自由に選べますか。変更は認められますか。

A. 個人番号は自由に選ぶことはできません。個人番号の変更は，個人番号が漏えいして不正に用いられるおそれがあるときにのみ可能です（7条2項）。

1．個人番号は自由に選べない

　個人番号は市区町村長が指定する番号であり（7条1項），本人が自分の個人番号を自由に選ぶことはできません。個人番号は，住民票コードを変換して生成されますが（8条2項2号），個人番号から住民票コードを復元することはできません（8条2項3号）。

2．個人番号は自由に変更できない

　個人番号は生涯不変の番号であるからこそ個人を正確に特定することができるものです。個人番号が頻繁に変更されると，変更前の個人番号と変更後の個人番号を紐付けて多数の変更管理を行ったり，行政機関などで頻繁に新しい個人番号を確認する必要が生じたりするなど，業務が煩雑となるおそれがあり，行政運営の効率化という番号法の目的に反する事態が生じる可能性があります。したがって，自分に付番された個人番号の数字が気に入らないなどの理由で，個人番号を変更することはできません。

3. 不正に用いられるおそれがあるときは変更できる

　しかし，個人番号が不正に用いられるおそれがあるときにまで，個人番号の変更が認められないとすると，個人に対し甚大な被害をもたらすおそれもあります。そこで，番号法では，個人番号が漏えいして不正に用いられるおそれがあると認められるときは，個人番号を変更できるものとされています（7条2項）。

　なお，個人番号の変更に関し，本人からの変更請求を待っていたのでは対策が後手に回り，被害が拡大するおそれもあるため，個人番号の変更は本人からの請求のみでなく，市区町村長の職権によっても行われます（同項）。

3. 通知カード・個人番号カード

Q. NUMBER 07

通知カード・個人番号カードとは何ですか。
全員に配られるのですか。

A. 番号制度では，通知カードと個人番号カードという2種類のカードが導入されます。通知カードは紙製又はプラスチック製のカードで全員に配られ，個人番号カードはICカードで希望者にのみ配られます。

1. 通知カード

(1) 通知カードは全員に配られる

個人番号は全国民と住民票が作成される外国人住民に対して付番されますが（→Q3），付番が完了したら，市区町村からこれらの方に対し個人番号が通知されます（7条1項）。その際，通知カードと呼ばれる，紙製又はプラスチック製のカード形式の書面が送付されます（同項）。したがって，通知カードは付番対象者全員，すなわち全国民と一定の外国人住民に対し交付されます。

通知カードが一斉に配られるのは，個人番号の一斉指定・通知がなされる平成27年10月から12月を予定しています。

(2) 通知カードを保存する必要がある

番号制度導入後は，社会保障・税などの各種手続において自分の個人番号を申請書などに記載する必要があり，その際，他人が誰かの個人番号を騙って手続をしないよう，本人確認及び個人番号の真正性確認が行われます（16条）。そのため申請書に自分の個人番号を記載した場合などには，原則として個人番号カードを提示するか，通知カードと他の身分証明書などをあわせて提示しなければなりません（→Q39）。また通知カードは，個人番号カード取得の際にも必要となり

ます（7条7項）ので，大切に保存しておく必要があります。

2．個人番号カード
(1) 個人番号カードは希望者のみに配られる

通知カードとは異なり，個人番号カードは希望者にのみ配られます。市区町村長に申請すれば，ICカードである個人番号カードの交付が受けられます（17条1項）。個人番号カードの交付を受ける場合は，通知カードを返納しなければなりません（同項後段）。平成28年1月から申請することができる予定です。

(2) 通知カードとの相違点

申請書に自分の個人番号を記載した場合などには，本人確認及び個人番号の真正性確認を受けます（→Q39）。その際，通知カードであればそれ単体ではなく他の身分証明書などとあわせて提示しなければなりませんが，個人番号カードであれば個人番号カードのみ提示すれば足ります。

個人番号カードは，マイ・ポータル（→Q10），e-Tax[1]による税務申告などのためにも必要になる予定です。また個人番号カードは，住民基本台帳カードを引き継ぐものであり，図書館カードや印鑑登録証明書自動交付機用カードとしてなど，市区町村が独自に機能を追加することが可能です（18条1号）。

また個人番号カードは厳格な本人確認の上交付され，かつ氏名・住所・生年月日・性別・個人番号のほか，顔写真も券面に掲載されるため，番号制度とは関係のない場面でも，すなわち社会保障・税・災害対策分野以外の場面でも，パスポートや運転免許証のように，身分証明書として利用することができます（→Q40）。

---

1) インターネットで国税に関する申告や納税，申請・届出などの手続ができるシステム〈http://www.e-tax.nta.go.jp/〉。

3. 通知カード・個人番号カード

Q. NUMBER **08**

住基カードとは何が違うのですか。

A. 個人番号カードは住民基本台帳カードの後継カードですが，身分証明書として用いられるだけではなく，社会保障・税などの手続で自分の個人番号を示す場合などに提示を求められます。また個人番号カードの普及を目指し，他の機能を備えることも考えられます。

1．住民基本台帳カードとは

　住民基本台帳カードは，住民基本台帳法30条の44に基づくカードです。住民基本台帳カードは，運転免許証のように身分証明書として用いたり，また公的個人認証サービスの電子証明書を格納すれば，e-Taxによる税務申告に用いることができます。地方公共団体によっては図書館カードとして利用しているところもあります。また住民基本台帳カードを取得すると，引越しの際に，転入転出手続の特例が受けられます。

2．個人番号カードは住民基本台帳カードの後継

　個人番号カードは住民基本台帳カードの後継であり，番号法に基づき個人番号カードが交付されるようになる平成28年1月以降，住民基本台帳カードは新規に発行されず，代わりに個人番号カードが発行されることとなります。

　住民基本台帳ネットワークシステムについて，「住民基本台帳カードの普及率が低いのではないか」といわれることがありますが，住民基本台帳ネットワークシステムでも番号制度でも，制度の基本としては，個人を正確に特定し，情報管

理・情報検索・情報連携を効率化・迅速化していくことにあり，カードはあくまで制度の中の1つの機能です。

しかし，制度としてカードを導入するからには，国民に使ってもらわなければ意味がありません。個人番号カードを多くの方に利用していただけるよう，政府ではさまざまな検討を行っています。

3. 両カードの機能の異同
(1) 個人番号の確認書類として利用

まず住民基本台帳カードでは，住民票コードが券面に記載されておらず，住民票コードの確認のためにカードが用いられることはありませんでした。これに対し個人番号カードには個人番号が記載され，社会保障・税などの手続の際に個人番号カードを提示することなどで，本人の個人番号であるかが確認されるようになります（→Q7，Q39）。

したがって，住民基本台帳カードよりも，元々用いられる場面が多いといえます。

(2) マイ・ポータルへのログイン手段として利用

また身分証明書として用いたり，電子証明書を利用することによりe-Taxによる電子申告の際に用いたり，図書館カードとしてなど地方公共団体独自のサービスを受けることができるのは，住民基本台帳カードと変わりませんが，個人番号カードは，電子証明書を利用することにより，マイ・ポータル（→Q10）のログイン手段として用いることが検討されています（→Q7）。

(3) その他の機能を具備

個人番号カードは平成28年1月から交付が開始される予定であり，現在，検討が進められているところです。現時点では，個人番号カードに，上記以外の機能を具備するかどうかは決定されていませんが，今後，たとえば，個人番号カードが年金手帳を兼ねたり，健康保険証を兼ねるなど，複数の制度で用いることのできるカードとなることも考えられます。

4. 情報提供ネットワークシステム，マイ・ポータル

Q. NUMBER 09

情報提供ネットワークシステムとは何ですか。

A. 情報提供ネットワークシステムは，特定個人情報を正確かつ安全にやりとりするために，番号法に基づき新設されるITシステムです。

1．特定個人情報の流通の危険性

　特定個人情報の提供を自由に認めると，不必要に特定個人情報がやりとりされたり，特定個人情報が漏えいする危険も考えられます。そのようにして転々流通した特定個人情報は，そこに含まれる個人番号をもとに突合・集約することができ，プライバシー権に対し重大な危険を及ぼすおそれも考えられます。

　そこで番号法では，特定個人情報を提供できる場合を限定し，必要性のない特定個人情報の提供を防止しています（15条・19条・20条）。

2．特定個人情報の流通の必要性

　しかし，番号制度は，異なる機関や異なる分野においても，正確・迅速な情報連携を実現することで，国民利便性の向上及び行政運営の効率化を実現するための制度です。特定個人情報の提供を必要以上に規制してしまうと，必要な場面で特定個人情報が提供できず，結局，番号制度導入以前と同様，氏名・住所・性別・生年月日という基本4情報で対象者を特定しなければならなくなることも考えられます。そこで番号法では，情報連携の必要性・安全性を考慮した上で，特定個人情報の提供を認めることとしています。

3. 情報提供ネットワークシステム

　特定個人情報の提供が認められる主な場合が，情報提供ネットワークシステムを介した情報連携が行われる場合です。この場合，システムで半ば自動的に必要な情報を連携できるため，他の機関に書面で照会する作業も，また送付されてきた書面を目視で確認したり，ITシステムに入力する作業も不要になります。また，基本4情報で対象者を特定することに比べて，正確性も担保されます。

　なお，情報提供ネットワークシステムでは，将来の拡張性を考え，情報連携のキーとして，個人番号とは異なる連携符号を用いることとしています。

4. 情報提供ネットワークシステムへの保護措置

　一方で，情報連携が半ば自動化される情報提供ネットワークシステムでは，不正な連携がなされてしまうと被害が甚大になるおそれがあります。そこで番号制度では，情報提供ネットワークシステムに対し，各種保護措置を講じています。

　まず，番号法に限定列挙された場合（19条7号・別表第2）[1]）に合致しなければ，情報提供ネットワークシステムを，システム上使用できないようにします（21条2項1号参照）。また，情報提供ネットワークシステムを使用した情報連携の記録（アクセス記録，→Q23）を逐一取得し（23条3項），不正連携の有無を本人や特定個人情報保護委員会（→Q50・Q51）が確認できるようにします。不正連携が行われないよう，特定個人情報保護委員会は，情報提供ネットワークシステムの設置・管理に伴い総務大臣と協議するとともに（21条1項），安全性・信頼性を確保するよう総務大臣などに措置要求を行うことができます（54条1項）。また情報提供ネットワークシステムには，秘密の漏えい防止その他の適切な管理が義務付けられます（24条・25条）。

---

[1] ただし，この他にも，19条14号に基づく特定個人情報保護委員会規則にて，情報提供ネットワークシステムを使用できる場合が定められることも考えられます。

Q. NUMBER 10

マイ・ポータルとは何ですか。

A. マイ・ポータルは，番号法に基づき新設される，一人ひとりに適した情報をお知らせするポータルサイトです。①プッシュ型サービスの閲覧，②ワンストップサービス，③アクセス記録の閲覧，④特定個人情報の閲覧などができるようになる予定です。

番号制度により，行政機関や地方公共団体などにおける情報管理が効率化し，精度の向上が図られます。この効果を国民に還元するのがマイ・ポータルです。

1．プッシュ型サービス

現行の行政手続は，国民からの申請がなければ手続が開始しない，「申請主義」が採られている場合が多く，国民にとっては，給付や行政サービスの存在を知らないと，それらを受給できない事態にもなりかねません。

番号制度導入後は，行政庁の方で，受給資格を有している国民を，ITシステムにて確認できるようになります。そのため行政庁から積極的に，行政サービスに関するお知らせを行ったり，申請を促していくことができるようになります。

せっかくITシステムにて情報管理を行っているのに，このようなお知らせを郵送のみで行うのは非効率です。そこでマイ・ポータルで，一人ひとりに適したお知らせを掲載する，プッシュ型サービスを行っていくことを予定しています。これにより国民にとっては，インターネットから簡単に自分に関係し得る行政サービスを確認できるようになります。

具体的内容は現段階では明らかになっていませんが，たとえば，被災者の方には各種被災者支援情報を，失業中の方には失業給付情報，雇用関係情報，保険料の減免・納付猶予情報を配信していくことなどが考えられます。

2. ワンストップサービス

またマイ・ポータルでは，複数の行政手続を一度に実行できるワンストップサービスも提供される予定です。行政手続には煩雑・複雑なものもあり，これにより本来は受給資格があるのに，受給しない選択をしている国民もいるかもしれません。プッシュ型サービスとワンストップサービスを組み合わせれば，受給できるサービスをインターネットから簡単に確認できるとともに，そのサービスの申請もインターネットを通して行えるようになることが考えられます。

3. アクセス記録の閲覧

マイ・ポータルは，アクセス記録（→Q23）の閲覧機能も実装します。番号制度によって，国や地方公共団体などの間で自分の個人情報を勝手にやりとりされないか，不安を持つ方も多いと考えられます。マイ・ポータルでは，いつ誰と誰が自分についてどの特定個人情報を何のために授受したかを簡単に確認でき，不正連携の有無を本人がチェックできるようになります。もっとも，不正連携の確認を国民に押し付けるのではなく，そもそも情報提供ネットワークシステムでは番号法上認められた情報連携以外行えませんし（→Q9），専門・中立的な機関である特定個人情報保護委員会（→Q50・Q51）がアクセス記録を定期的にチェックします。なお，アクセス記録の閲覧機能は，法律的には，アクセス記録の開示請求及び開示の実施をマイ・ポータルという手段にて行うものと整理されます。

4. 特定個人情報の閲覧

またマイ・ポータルでは，アクセス記録に限られず，自分の特定個人情報を閲覧できる機能が設けられます。たとえば，確定申告の際に必要な社会保険料控除額などを確認できるようになることが考えられます。

4. 情報提供ネットワークシステム，マイ・ポータル

Q. NUMBER 11

住基ネット・住民票コードと何が違うのですか。

A.　住民基本台帳制度と番号制度では，情報の正確な管理・連携という趣旨は同一ですが，対象範囲を異にします。

　住民基本台帳制度は各種行政事務などの前提となる住民情報の管理・連携を目的とし，住基ネットによる本人確認情報の連携を行いますが，番号制度では行政事務情報・行政手続情報の管理・連携を目的とし，個人番号による名寄せや情報提供ネットワークシステムによる情報連携を行います。

1．住基ネットとは

(1)　住民基本台帳

　住民票情報は，各種行政サービスの基礎となる情報であるとともに，さまざまな手続で本人確認に用いられるものです。

　たとえば，市区町村が行っている国民健康保険に加入する場合や，介護保険サービスを受ける場合，その他選挙権行使のためなどにも，個人がどこの市区町村の住民であるかという住民記録が整備されていることが，必要不可欠です。また，住民票の写しは，銀行口座を開設する場合などにも，本人確認書類として提出することがあります。

　このように住民記録はさまざまな事務・手続の基礎となるものであり，住民記録の正確な管理を図るために，住民基本台帳法が定められています。住民基本台帳法に基づき，市区町村長は住民票を編成して住民基本台帳を作成するものとされており（住民基本台帳法6条1項），この市区町村長が作成する住民基本台帳

の多くが，コンピュータで管理されています。

(2) 住民基本台帳のネットワーク化

しかし人は常に同じ場所に居住し続けるものではなく，転出入が発生します。また住所地の市区町村のみでなく，それ以外の場所においても本人確認等を行う必要があります。

そこで，ひとつの市区町村内のみならず，全国的に住民基本台帳事務を処理したり本人確認等を行えるよう，平成 11 年に住民基本台帳法が改正されました。これにより，各市区町村の住民基本台帳のネットワーク化が図られ，住民基本台帳ネットワークシステム（住基ネット）が構築されました。

住基ネットは，全国の市区町村と都道府県，地方公共団体情報システム機構[1]を専用回線で結ぶものです。全国的なネットワークシステムが整備されることで，住民の引越しがあった場合などにも迅速な住民記録の連携・確認が可能となり，かつ市区町村間の転入通知のオンライン化などを通して，行政の効率化が図られます[2]。

2. 住民票コードとは

そして住民票には，住民票コードが記録されています（住民基本台帳法 7 条 13 号）。住民票コードが設けられたのは，コードがないと，検索・照合の際に，基本 4 情報による確認が必要となり，情報検索・管理に非効率が生じてしまうからです（→Q1）。

なお住民票コードは，原則として公開されない番号であり，内部処理用に用いられるコードです。

3. 番号制度と住民基本台帳制度との相違点

これに対し番号制度の対象範囲は，住民票情報に限定されるものではありません。社会保障・税・防災事務情報に，個人番号を追加します。

まず，社会保障・税・防災事務において内部的に保有している情報を，個人番号を用いて効率的に検索・管理します。また社会保障・税・防災事務を処理する

ために，内部的に保有している情報のみでは足りず，外部の他の機関が保有している情報が必要な場合には，情報提供ネットワークシステムなどを通して，他の機関との間で所得額情報や年金情報などがやりとりされることとなります。

つまり，住民基本台帳制度と番号制度とでは対象範囲を異にします。情報の正確な管理・連携という趣旨は同一ですが，住民基本台帳制度は各種行政事務などの前提となる住民情報の管理・連携を目的としており，番号制度では社会保障・税・防災事務という行政事務情報・行政手続情報の管理・連携を目的としています（→個人番号が用いられる具体的場面についてはQ37）。

また，住基ネットと情報提供ネットワークシステムとでは，正確な情報連携という趣旨は同一ですが，やりとりされる情報が異なります。住基ネットでは住民記録（本人確認情報）がやりとりされ，番号制度では所得額情報や年金情報などの社会保障・税・防災事務情報がやりとりされます。

4．個人番号と住民票コードとの相違点
(1) 個人番号は一定の範囲で流通する番号

住民票コードも個人番号も，正確な情報管理・連携のためのコードであり，付番される対象者の範囲も同一です。

しかし，住民票コードは，内部処理用に用いられるコードであって原則として公開されませんし，他人に自分の住民票コードを提示する必要もありません。これに対し個人番号は，行政機関などの内部処理に用いられるだけではなく，民間事業者などにおいても保有され，一定の範囲で流通することが予定されています。個人が市区町村長に提出する申請書などに自分の個人番号を記載したり，年末調整などのために勤務先に自分の個人番号を提示することなどが求められ，番号法に定められた一定の範囲内で他人に提供・提示することが予定されます。

(2) 個人番号は住民票コードから生成

なお個人番号も住民票コードも，情報の正確な管理・連携のために導入されるものであることから，一人ひとりに別々の番号／コードが付番され，重複がないことが重要となります。個人番号は，全国的に重複のない番号である住民票コー

ドをもととして生成されます（8条2項2号）。なお，一定の範囲で流通が予定される個人番号から，公表が予定されていない住民票コードが割り出されることがないよう，個人番号から住民票コードを復元できないよう，生成の際は規則性を備えないようにすることが番号法で義務付けられています（同項3号）。

---

1) 財団法人地方自治情報センター（LASDEC）を基礎として，地方公共団体情報システム機構法に基づき設立される地方共同法人をいいます。住民基本台帳法，電子署名に係る地方公共団体の認証業務に関する法律，番号法の規定による事務等を地方公共団体に代わって行います。
2) 住基ネットの目的・効果については，総務省ホームページ〈http://www.soumu.go.jp/main_sosiki/jichi_gyousei/c-gyousei/daityo/index.html〉を参照ください。

5. 番号制度に対する疑問・懸念

Q. NUMBER 12

個人情報の巨大データベースが作成されるのですか。
国が個人の情報を管理してよいのですか。

A.

　番号制度が導入されても，行政機関・地方公共団体などが保有している個人情報が，特定の機関に集約されたり一元管理されるものではありません。

　番号法上，行政機関や地方公共団体は，たとえば児童手当の支給，失業給付の支給，年金の給付・保険料の徴収，国税・地方税の賦課徴収など，法律・条例に基づき実施するものとされている業務に必要な限度でしか情報を保有できず，また利用することもできません。

1．情報の分散管理

　番号制度というと，個人情報の巨大データベースが作成され，行政機関や地方公共団体などが巨大データベースにアクセスするイメージをもたれる場合も少なくありません。しかしそのような「一元管理」方式が採用されると，仮に情報漏えいが発生した際に，全ての情報が芋づる式に漏えいしてしまうなど，リスクが極めて高いといえます。そこで番号制度では，「一元管理」方式ではなく，行政機関などは自己の業務遂行に必要な情報のみを保有し，その他の情報が必要となった場合は，番号法で認められた場合に限り情報連携が許可される「分散管理」方式が採用されています（→図3）。

2．情報を収集・利用できる場合を限定

　また番号法では，行政機関や地方公共団体などが個人番号を悪用して個人の情

図3／情報の分散管理

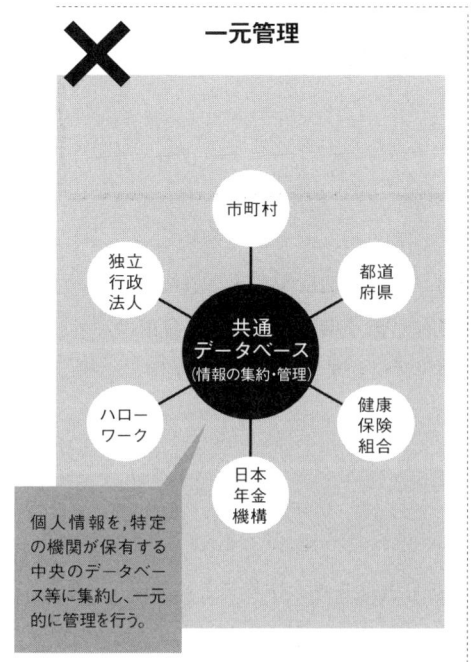

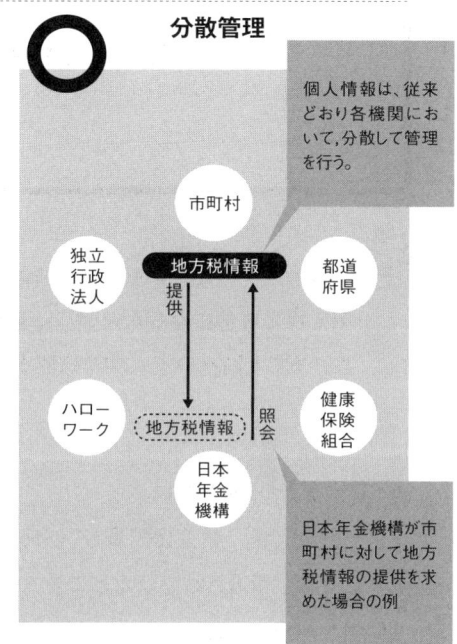

一元管理（×）
- 市町村、独立行政法人、都道府県、ハローワーク、健康保険組合、日本年金機構が中央の「共通データベース（情報の集約・管理）」につながる。
- 個人情報を、特定の機関が保有する中央のデータベース等に集約し、一元的に管理を行う。

分散管理（○）
- 市町村、独立行政法人、都道府県、ハローワーク、健康保険組合、日本年金機構がそれぞれ分散して管理。
- 個人情報は、従来どおり各機関において、分散して管理を行う。
- 日本年金機構が市町村に対して地方税情報の提供を求めた場合の例（地方税情報の提供・照会）。

出典／内閣官房社会保障改革担当室公表資料

報を収集・利用することがないよう，特定個人情報を保有・利用できる場合を厳格に限定しています。番号法上，法律・条例に基づく事務に必要な限度の情報しか，保有・利用することはできません（9条，20条，28条〜32条）。

したがって，税務署であれば，法律に基づく国税の賦課徴収などに必要な情報のみ保有・利用することができます。日本年金機構も同様に，法律に基づく年金の給付・保険料の徴収などに必要な情報以外は保有・利用することができません。なお，これらの情報は，公正な課税や公正な年金給付の実現のために必要なものであることから，税務署や日本年金機構が保有・利用することが法律上認められます。

5. 番号制度に対する疑問・懸念

Q. NUMBER 13

なりすましが起こりませんか。

A. 番号法ではなりすまし防止措置を講じ，番号制度が導入されても，個人番号単体による本人確認は禁止され，番号制度が導入される前のこれまでと同様の本人確認措置が義務付けられます。

1. なりすましのおそれ

アメリカでは，社会保障番号（Social Security Number, SSN）によるなりすまし被害も報道されているところです。番号制度を導入することに対して，なりすましが起こるのではないかとの懸念を示される方も多く，番号法の国会審議でもなりすまし対策について質疑がなされました。

他人になりすまして社会保障・税・災害対策の行政手続が行われれば，たとえば本来税の還付を請求する資格がないにもかかわらず還付金を不正に受け取る者などが出現するおそれもあります。また，番号制度を導入する趣旨は，本人特定を正確・迅速に行うことで，行政運営の効率化と国民の利便性向上を図ることにあり，番号制度が導入されることでなりすましが横行してしまっては，番号制度の目的が達成できず，本末転倒です。

2. 番号法上のなりすまし防止措置

なりすまし防止のため，番号法では，行政手続などの際に個人番号の提出をうける個人番号利用事務等実施者（→Q25）に対し，提出者が本人自身であるかを確認すること，すなわち本人確認措置を義務付けています（16条）。そのため，

個人が提出する申請書などに個人番号を記載する際には，申請書とあわせて，個人番号が記載された公的書面（個人番号カードなど）の提示を求められるようになります（→詳しくはQ39）。

　したがって，個人番号の提出を受ける市役所などでは，提出者がその方自身であること，そして提出された個人番号がその方の個人番号であることを確認できるようになり，これにより，なりすましを防止します。

5. 番号制度に対する疑問・懸念

Q. NUMBER 14

個人番号から病歴，犯罪歴，所得額などがわかるのですか。

A.

　番号法上，カルテ情報・前科情報や，Web閲覧履歴・位置情報・買い物履歴などと，個人番号を紐付けることは認められていません。したがって，個人番号からこれらの情報がわかることはありません。

　一方，所得額は，個人番号と紐付けられて取り扱われますが，税務署の職員・市役所の職員・勤務先の給与担当者など，所得額を把握する正当な権限を有する人以外に，所得額を知られることはありません。

1．前科情報など，番号法上，個人番号の利用が認められていない情報

(1)　前科情報などに個人番号は利用不可

　番号法では，個人番号の適正な取扱いを確保するために，個人番号を利用することができる範囲を限定しています（9条）。個人番号を利用することができるのは，社会保障・税・災害対策分野のうち，番号法に規定された事務のみです。カルテ情報・前科情報や購買情報・位置情報などに個人番号を利用することは，番号法上認められておらず，したがって個人番号をもとにこれらの情報を検索することはできません。

(2)　前科情報などは情報連携不可

　番号法では，迅速・効率的な情報連携を実現するために，情報提供ネットワークシステムを構築する旨を規定しています（→Q9）。情報提供ネットワークシステムを通じた情報連携を行うことで，縦割り行政の壁を越えて，必要な情報を正確かつ迅速に把握できるようにします。

同時に番号法では，情報提供ネットワークシステムを悪用した不正な連携がなされないよう，情報提供ネットワークシステムを使用した情報連携が認められる範囲を限定しています。情報提供ネットワークシステムを使用するのは，番号法に規定された照会者が番号法に規定された事務のために，番号法に規定された提供者に番号法に規定された情報を求める場合でなければ，認められません（19条7号・14号）。カルテ情報や犯罪歴，買い物履歴などは，そもそも個人番号を利用することが認められておらず，当然，情報提供ネットワークシステムを使用した情報連携も考えられません。なお情報提供ネットワークシステムでは，番号法上認められた情報連携であるか，システム上で確認する機能が実装されます。

　したがって，情報提供ネットワークシステムを使用して他人の犯罪歴などを照会することはありえません。

(3)　前科情報などはマイ・ポータルから閲覧不可

　番号法に基づき，一人ひとりに適した情報をお知らせするポータルサイト，「マイ・ポータル」が新設されます（→Q10）。しかしマイ・ポータルでは，自分の情報か，自分が代理人を務める人の情報しか見ることができません。

　なお，マイ・ポータルにログインするためには，個人番号カードとパスワードを要することが予定されています。個人番号カードを紛失してしまっても，パスワードを知られなければ，他人が自分になりすましてマイ・ポータルへログインし，自分の情報を勝手に閲覧することはありません。

　また，上記の通り，カルテ情報・前科情報や購買情報・位置情報などに個人番号を利用することは番号法上認められておらず，自分のカルテ情報や前科情報などについても，マイ・ポータルから見ることはできません。

2．所得額など，番号法上，個人番号の利用が認められている情報

(1)　税務事務では個人番号を利用

　以上の通り，個人番号が利用できる範囲，情報連携できる範囲は番号法上厳格に限定されていますが，個人番号は社会保障・税・災害対策のための番号であり，個人番号を税務事務で利用することが認められています。そのため，個人番号と

所得額は紐付けられることとなります。

しかし，番号制度が導入される前と同様に，所得額を知った税務署職員・市役所職員などが，不正に他人に所得額を漏らすことは，守秘義務違反となります。

(2) 所得情報を提供できる場合を限定

また番号法では，特定個人情報を提供することができる場合を厳しく限定しており，番号法19条各号に該当する場合以外には特定個人情報の提供は認められません。したがって，所得額を知った税務署職員・市役所職員・勤務先の給与担当者などが，所得額を他人に提供することができる場合も，番号法19条各号に該当する場合のみ，すなわち所得額を提供する必要がある場合のみとなります。

具体的には，従業員に支払った給与額を，勤務先が給与所得の源泉徴収票に記載して税務署に提出する場合（19条2号），地方税法325条に基づき，国税庁が，国税庁に提出された確定申告書情報を市区町村税務課に提供する場合（19条8号），児童福祉法に基づく給付を行うために，市区町村長が都道府県知事に，情報提供ネットワークシステムを介して所得情報を提供する場合（19条7号・別表第2の8号）などがこれに該当します。

(3) 正当な権限者のみが閲覧可

このように，所得額情報のような，番号法上個人番号を利用することが認められた事務で保有される情報であっても，あらゆる者に知られてしまうわけではなく，また公務員などにいつでも見られてしまうわけではなく，正当な権限者のみ，必要な情報を閲覧することが認められています。

3．特定個人情報保護委員会による監視・監督

番号法上の規制は以上の通りですが，番号法に違反して，個人番号を利用することが認められていない情報と個人番号を結びつける者が出現することも考えられます。そのようなことがないように，番号法では規制のみを規定するのではなく，個人番号を保有する者が規制を遵守しているかを確認するなど，特定個人情報の適切な取扱いを確保することを任務とする組織である，「特定個人情報保護委員会」の設置を規定しています（→Q50・Q51）。

特定個人情報保護委員会は，特定個人情報を不正に取り扱っている者がいる場合には，自ら調査を行い，指導・勧告・命令などを行うことができます（50条・51条・52条）。特定個人情報に関して不正が行われている疑いがある場合は，一般個人，民間事業者などの立場を問わず，特定個人情報保護委員会に対し連絡することができるものと考えられます（38条1号）。

4．罰則

　特定個人情報保護委員会の命令に違反したり，特定個人情報保護委員会の検査等に対し虚偽の報告をしたり検査妨害等をした者は，罰則の対象となります（73条・74条）。また，番号法に規定された業務を行っている公務員などが，個人的な目的で，業務上の必要がないにもかかわらず，情報提供ネットワークシステムを使用するなどして他人の所得額を収集した場合なども，罰則の対象となりえます（71条）。

Q. NUMBER 15

個人番号が漏えいしたり個人番号カードを紛失したら，どうなってしまうのですか。

A. 　個人番号が漏えいした場合は，自分の氏名・住所・性別・生年月日が漏えいしてしまった場合に類似する被害が考えられます。個人番号カードを紛失した場合は，運転免許証などの身分証明書を紛失してしまった場合に類似する被害が考えられます。速やかに市区町村長に届け出ることが重要です。

1．個人番号の漏えい

(1) 速やかに市区町村長に届け出る

　個人番号が漏えいし，身分証明書が偽造されていない場合は，後記(2)のような，自分の基本4情報（氏名・住所・性別・生年月日）が漏えいしてしまった場合に相当する被害が考えられます。ただし，基本4情報が漏えいした場合よりも個人番号が漏えいした場合の方が，不正な情報突合のおそれが高まることが考えられる一方で，個人番号単体が漏えいした場合は，氏名・住所・性別・生年月日やその他の属性情報は判明しない可能性もあります。

　また，個人番号が漏えいした上で，身分証明書を偽造された場合などは，さらに後記(3)のようななりすまし被害が生じるおそれがあります。

　個人番号が漏えいした場合は，速やかに市区町村長に個人番号の変更を請求することが重要です（7条2項）。なお，本人が請求しない場合であっても，個人番号の漏えいが探知された場合は，市区町村長の職権によって個人番号の変更がなされることがあります（同項）。

(2) 身分証明書の偽造などが行われていない場合に生じ得る被害

　自分の氏名・住所・性別・生年月日が漏えいしてしまった場合，ネット上に公表されている自分の個人情報を検索されてしまったり，自分の個人情報を保有している公務員や民間事業者などに自分の個人情報をのぞき見されたりするおそれがあります。個人番号が漏えいした場合も，同様に，以下のような被害が考えられます。

ア　不正に作成された特定個人情報・特定個人情報ファイルを収集される

　個人番号が漏えいした場合に，ある者がその方の情報を収集しようとネット検索などを行い，不正に作成・公表された特定個人情報や特定個人情報ファイルを不正に収集する事態が考えられます。このような行為は番号法違反であり，特定個人情報保護委員会による助言・指導・勧告・命令・報告徴収・立入検査の対象となります（50条～52条）。

イ　公務員など特定個人情報を取り扱う権限を有する者に，自分の特定個人情報を不正にのぞき見される

　公務員など特定個人情報を取り扱う権限を有する者は，誰の個人番号が何番か確認することができるため，これは個人番号が漏えいしなくても起こり得ることです。番号法では，個人番号の利用範囲を限定した上で（9条），目的外利用の禁止を規定しており（9条，29条～32条），不正にのぞき見する行為は番号法違反の行為です。違法行為を行った公務員は懲戒等の対象となりますし，特定個人情報保護委員会による助言・指導・勧告・命令・報告徴収・立入検査の対象となります（50条～52条）。

(3) 身分証明書の偽造などが行われた場合に生じ得る被害

　番号法では個人番号単体による本人確認を禁止しているため（→Q39），個人番号を不正に入手しただけでは，なりすますことはできません。他人になりすますためには，身分証明書を偽造する必要があります。いいかえれば，個人番号が漏えいした上に，氏名・住所・生年月日・性別なども漏えいして，身分証明書が偽造された場合には，以下のようななりすまし被害が考えられます。身分証明書の偽造・行使は一般に公文書偽造・行使罪に該当すると考えられ，行為者は刑事

罰の対象となります。

ア　自分になりすまされて他人が自分の年金などを勝手に受給したり税金の還付を受けたりする

　　もっとも，日本年金機構や税務署の側で本人の情報を確認するため，他人の正確な氏名・住所・生年月日などが記載された身分証明書を偽造しないと，年金を勝手に受給したりすることはできないものと考えられます。

イ　自分になりすまされて自分の特定個人情報を勝手に見られる

　　アと同様，特定個人情報の開示請求を受け付ける行政機関などの側で本人の情報を確認するため，他人の正確な氏名などが記載された身分証明書を偽造しないと，特定個人情報を勝手に閲覧することはできないものと考えられます。

2．個人番号カードの紛失

(1) 速やかに市区町村長に届け出る

　個人番号カード（→Q7）を紛失した場合には，前記1(2)(3)のような，個人番号が漏えいした場合と同様の被害のほか，住民基本台帳カード・運転免許証などの身分証明書を紛失してしまった場合に類似する被害が考えられます。個人番号カードを紛失した場合も，速やかに市区町村長にその旨を届け出ることが重要です。

(2) 個人番号の漏えいと同様の被害

　個人番号カードを紛失すると，個人番号カードの券面には顔写真・氏名・住所・性別・生年月日が記載されているため，その方の個人番号が何番であるかが他人にわかってしまいます。したがって前記1の，個人番号が漏えいした場合と同様の被害が考えられます。

(3) 個人番号カードの紛失による被害

　これに加え，個人番号カードを紛失した場合，運転免許証やパスポートなどの身分証明書を紛失した場合と同様に，自分になりすまされて銀行口座を開設されるなどの被害が考えられます。もっとも，個人番号カードには顔写真が掲載され

ているため，なりすますには写真の偽造が必要と考えられます。

　また，個人番号カードがあればマイ・ポータル（→Q10）へのログインなどが可能となりますが，これらにはパスワードが求められることから，個人番号カードとともにパスワードもあわせて盗まれたり推測されてしまった場合でなければ，不正ログインされるなどの事態は発生しないと考えられます。

5. 番号制度に対する疑問・懸念

Q. NUMBER 16

自分の個人番号を忘れてしまったら
行政サービスが受けられなくなるのでしょうか。

A. 番号制度導入後は，行政手続などで個人番号を記載することが求められます。通知カードや個人番号カードを確認したり住民票の写しを取得すれば，自分の個人番号を確認することができます。また一定の場合には，行政機関・地方公共団体などの側で個人番号を確認してもらうことも可能となるよう検討されています。

1. 行政手続の際に個人番号の記載を求められる

　一般に，行政手続を行う際は，申請書などの書面に必要事項を記入しますが，番号制度導入後は，社会保障・税・災害対策分野の行政手続の際に，自分の個人番号を申請書などに記載するよう求められることが考えられます。この点，自分の個人番号を失念してしまうと，行政手続を行えず，行政サービスを受けられないのではないかとの懸念が考えられますが，そのようなことはありません。

2. 自分の個人番号を確認する方法

(1) 通常時

　まず，自分の個人番号は常に暗記しておく必要はなく，必要に応じて各種資料を確認することで，自分の個人番号を確認することができます。具体的には，個人番号の通知時に市区町村長から送付される通知カード（→Q7）か，市区町村長に申請して交付を受ける個人番号カード（→Q7）を確認しましょう。通知カード・個人番号カードを紛失してしまった場合は，個人番号が記載された住民票

の写しを取得すれば，個人番号を確認することができます。

(2) 災害時など

このように，個人番号を常に暗記しておく必要はなく，前記(1)の方法で個人番号を確認できますが，災害時などは，通常，通知カードや個人番号カードを携帯していないと考えられますし，住民票の写しを取得することも困難です。

番号制度上，市区町村や地方公共団体情報システム機構は，住民などの個人番号を把握しています。したがって災害時には，氏名・住所・生年月日・性別などを伝えれば，市区町村や地方公共団体情報システム機構側で，本人の個人番号を確認することができ，一度，本人の個人番号が確認できれば，あとは内部処理として個人番号で情報を管理することができると考えられます。

3．本人確認書類

番号法ではなりすましを防止するため，行政事務を行う側などに，申請者が本人自身であるか本人確認を行うことを義務付けています（16条）。したがって，申請書などに個人番号を記載した場合には，個人番号が記載された公的書面をあわせて提示することが求められます（→Q39）。

具体的には，①個人番号カードであればそれ単体を，②通知カードであれば運転免許証などの本人確認書類とともに提示する必要があります。個人番号カードや通知カードが手元にない場合でも，③個人番号が記載された住民票の写しを運転免許証などの本人確認書類とともに提示することで，本人確認を行うことなどが検討されています。また④個人番号が記載されていない本人確認書類のみを提示すれば，個人番号自体は行政機関・地方公共団体などの側で確認することも可能とする検討もなされています。なお，①については番号法16条に規定されていますが，②③④は政令・主務省令で定められることとなります。

4．通知カード・個人番号カードの紛失時

上記の通り，カードを紛失しても行政サービスを受けられますが，これらのカードを紛失した場合は速やかに市区町村長に届け出ることが重要です（→Q15）。

5. 番号制度に対する疑問・懸念

Q. NUMBER 17

基礎年金番号，雇用保険の番号など，既にある番号はどうなるのですか。

A. 番号制度開始後は，原則として，基礎年金番号，雇用保険の番号などの個別の番号を覚えておく必要はなく，個人番号ひとつを伝えればよくなることが考えられます。

1. 個人番号ひとつでOK

番号制度が開始されていない現状では，さまざまな分野で，異なる番号が用いられています。そのため，手続ごとに異なる番号を問われることがあり，特に勤務先や氏名・住所を変更した場合などには，煩雑です。たとえば，年金の手続に行けば基礎年金番号を問われ，雇用保険の手続に行けば雇用保険被保険者番号を問われることがありますが，番号制度導入後は個人番号ひとつを伝えればよくなることが考えられます。

2. 既存番号と併用も

ただし，当面は，既存番号と個人番号を併用していくことも考えられます。基礎年金番号などの既存番号はわかるものの，自身の個人番号を失念した方などについても，既存番号で当面，行政手続を行えることも考えられます。

なお，番号制度は大規模な取組みであり，平成28年1月からの個人番号の利用開始に向け，順々に準備が進められているところです。したがって，上記の既存番号の取扱いは，現時点で確定しているものではありません。

3. 個人番号への統一のメリット

　複数の異なる番号が個人番号に統一されると，国民にとっては，異なる番号を問われる煩雑さが解消されるメリットがあります。

　一方，行政庁その他の事務処理を行う側にとっては，業務の効率化・情報連携の正確化が図れます。たとえば，健康保険では，被保険者が健康保険組合を変わる度に異動管理などが必要となります。その際，どの健康保険組合においても同一の個人番号を用いたり，健康保険組合間で情報連携を行えば，迅速・正確な異動管理を行えるようになることが考えられます。

6. 今後のスケジュール

Q. NUMBER 18

今後のスケジュールを教えてください。

A. 番号法は、平成25年5月31日に公布されました。その後、平成26年1月1日に特定個人情報保護委員会が設置され、平成27年10月を目処として個人番号の通知が開始され、平成28年1月を目処に個人番号の利用が開始されます。さらに平成29年1月を目処として情報提供ネットワークシステムを使用した情報連携が開始されます。

番号法は、平成25年5月24日に成立し、同月31日に公布されました。番号法の規定のうち、定義規定（2条）、責務規定（4条〜6条）、準備行為規定（附則2条）などの一部の規定は公布日に施行されていますが（附則1条1号）、法律の公布後3年以上の間にわたって、番号法をめぐりさまざまな動きが予定されています（→図4）。

1. 政令・主務省令

番号制度の細目を定める政令・主務省令は、平成26年の公布を目処として準備が進められています。

2. 特定個人情報保護委員会

また特定個人情報の取扱いを監視・監督する特定個人情報保護委員会（→Q50）は平成26年1月1日に設立され（附則1条2号・番号法の一部の施行期日を定める政令（平成25年政令第299号））、特定個人情報保護委員会規則や

図4／番号制度のロードマップ

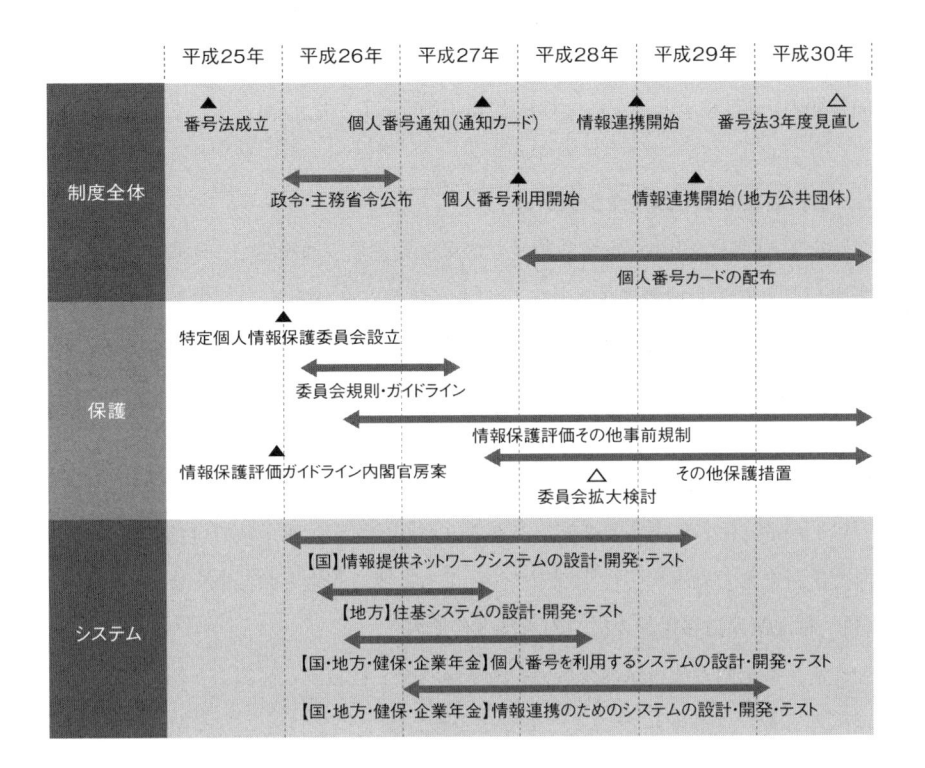

	平成25年	平成26年	平成27年	平成28年	平成29年	平成30年
制度全体	▲番号法成立	←政令・主務省令公布→	▲個人番号通知(通知カード) 個人番号利用開始	▲情報連携開始 ←情報連携開始(地方公共団体)→ ←個人番号カードの配布→	▲番号法3年度見直し	△
保護	▲特定個人情報保護委員会設立 ▲情報保護評価ガイドライン内閣官房案	←委員会規則・ガイドライン→	←情報保護評価その他事前規制→ △委員会拡大検討		←その他保護措置→	
システム		←【国】情報提供ネットワークシステムの設計・開発・テスト→ ←【地方】住基システムの設計・開発・テスト→ ←【国・地方・健保・企業年金】個人番号を利用するシステムの設計・開発・テスト→ ←【国・地方・健保・企業年金】情報連携のためのシステムの設計・開発・テスト→				

指針・ガイドラインなどは，特定個人情報保護委員会設立後速やかに，公表されることが考えられます。

3. 個人番号の通知・利用開始

　個人番号の通知は平成27年10月を目処に開始され（附則1条柱書），個人番号の利用は平成28年1月を目処に開始されます（附則1条4号）。平成27年10月から平成28年1月までの間は，個人番号が本人に通知されるにとどまり，個人番号が実際に利用され出すのは平成28年1月以降であることが予定されています。

4. 通知カード・個人番号カード

通知カードの交付は個人番号の通知と同時になされるため，平成27年10月を目処に交付が開始されますが，個人番号カードの交付は個人番号の利用開始と同時期の平成28年1月から行われます（附則1条4号，→Q7）。

5. 情報提供ネットワークシステム

特定個人情報の提供に関する規定全般は個人番号の通知開始と同時に施行されますが，そのうち情報提供ネットワークシステム（→Q9）を使用した情報連携については，情報提供ネットワークシステムの構築に要する期間などに鑑み，平成29年1月を目処に開始される予定です（附則1条5号）。

6. 番号法の見直し

以上が番号法の完全施行までのスケジュールですが，番号法では法の施行状況などを踏まえて見直しを行うことについても，既に規定をおいています。

(1) 特定個人情報保護委員会の所掌事務拡大

まず，特定個人情報保護委員会の所掌事務を，特定個人情報から個人情報全般に拡大するかどうかについて，番号法の施行後1年を目処として検討することとされています（附則6条2号）。ここにいう「番号法の施行」とは番号法附則1条柱書の施行日を指しているため，平成27年10月から1年を目処として，検討及び所要の措置が講じられることになります。

ただし，現在政府では，個人情報の取扱い全般について検討する「パーソナルデータに関する検討会」[1]を開催しており，同検討会では，特定個人情報保護委員会の所掌事務の拡大も議題に登っています。同検討会が公表した「パーソナルデータの利活用に関する制度見直し方針」[2]によれば，平成26年6月までに法改正の内容を大綱として取りまとめ，法案は平成27年通常国会への提出を目指すとのことです。したがって検討の情勢・国会審議の状況によっては，番号法の施行後1年より早期に，特定個人情報保護委員会の所掌事務拡大について結論が出されることも考えられます。

(2) 個人番号の利用範囲・情報提供ネットワークシステムの使用範囲拡大

　また，民間活用（→Q19）に対する要望などを踏まえ，個人番号の利用範囲の拡大や情報提供ネットワークシステムを使用した情報連携範囲の拡大について，番号法の施行後3年を目処として検討がなされます。この「番号法の施行」も番号法附則1条柱書の施行日を指しているため，平成27年10月から3年を目処として検討及び所要の措置が講じられることとなります。

(3) その他番号法全般

　また，番号法の施行後3年を目処とした検討では，個人番号の利用範囲の拡大や情報提供ネットワークシステムを使用した情報連携範囲の拡大のみではなく，特定個人情報保護方策その他番号法の規定全般について見直しが検討されます。

---

1) 高度情報通信ネットワーク社会推進戦略本部（IT総合戦略本部）関係会議 パーソナルデータに関する検討会〈http://www.kantei.go.jp/jp/singi/it2/pd/index.html〉。
2) 平成25年12月20日高度情報通信ネットワーク社会推進戦略本部決定 パーソナルデータの利活用に関する制度見直し方針〈http://www.kantei.go.jp/jp/singi/it2/kettei/pdf/dec131220-1.pdf〉。

Q. NUMBER 19

番号制度の民間活用はどうなっているのですか。

A. 現在の番号法では、民間事業者は、行政手続、そして行政事務に準じる場合においてのみ、個人番号を利用することができます。しかし番号法の施行状況を踏まえ、番号法の施行後3年を目途として、個人番号の民間活用の是非が検討される予定です。

1. 民間活用とは

　個人番号は行政機関や地方公共団体のみでなく、民間事業者においても利用されるものです。一方で、番号制度は行政内利用が原則といわれ、民間活用は今後の課題といわれています。

　これはなぜかというと、ここにいう民間活用とは、行政手続などで個人番号を利用するにとどまらず、商業目的などに個人番号を利用することを指しているからです。現在の番号制度では、民間事業者は一部の例外を除き[1]、行政手続でのみ個人番号を利用することとされており、その他個人番号で顧客管理を行ったり（→Q34）、情報提供ネットワークシステムを介してビジネス上必要な情報をやりとりすることなどは認められていません。

2. 現在の番号法上の民間事業者の位置づけ

　番号法上認められた個人番号の利用範囲のうち最も原則的なものが、個人番号利用事務（→Q25）です。この個人番号利用事務は、原則として行政事務であり、このため、個人番号は行政内での利用に限定されると一般にいわれています。

民間事業者においては社会保障や税の行政手続において個人番号を利用し，個人番号関係事務実施者（→Q25）として番号制度に関与することが原則です。ただしそれ以外にも，健康保険組合や企業年金に関しては，行政事務に準ずるものと考えられることから，行政機関と同等の立場，つまり個人番号利用事務実施者として個人番号を活用することができます。

3．民間活用の検討に当たって

　番号法は施行後3年を目途に見直しを行うこととされており（附則6条1項，Q18の解説**6**(2)(3)）民間活用の是非についてもその際に検討されることが考えられます。

(1)　プライバシー権保護の観点から

　個人番号がさまざまな分野で用いられると，個人番号が悪用されたときに，個人番号をキーとして多様な個人情報が突合可能となってしまいます。そのため番号法では，個人番号の利用範囲を社会保障・税・災害対策，そしてこれらに類する分野に限定した上で，行政内での利用を原則としています。したがってQ14のように，民間事業者が保有する買い物履歴や位置情報などと個人番号を結びつけることは禁止されています。このような番号法上の規制から，個人番号と紐付く情報が限定されることになり，それゆえ個人番号によって入手できる情報の価値は，現在の番号法上は比較的低いと考えられます。

　これに対し，民間事業者が保有するさまざまな個人情報と個人番号を紐付ければ，個人番号によって入手できる情報の価値も高まり，個人番号の不正利用の危険性が高まるおそれがあります。

(2)　番号制度の目的の観点から

　一方で，番号制度は，情報の効率的な管理・検索・連携を実現することで，行政運営の効率化及び国民の利便性向上を目的とするものです。国民の利便性向上のためには，行政事務・行政手続だけで個人番号が利用されるのではなく，国民にとって身近なサービスで個人番号が利用されることが重要であるとも考えられます。また民間事業者においても個人番号を利用すれば，行政機関や地方公共団

体同様，事務効率化や顧客利便の向上が可能となることが考えられます。

(3) 今後の見通し

　番号法は，現時点では民間活用を禁止していますが，将来的な展望を否定するものではありません。番号法では，個人番号の利用範囲，個人番号カードの活用範囲，情報提供ネットワークシステムの使用範囲について，拡張性をもった設計とするよう規定されています（3条2項〜4項）。また，番号法の施行後3年を目途として，個人番号の利用範囲，情報提供ネットワークシステムの使用範囲などについて，適時にマイ・ポータルのサービス範囲などについて，見直しを行う旨も規定されています（附則6条1項・6項）。

　これらを踏まえると，3年後見直しの際に民間活用についても検討されることが考えられます。しかし民間活用が認められるか否か，仮に認められるとした場合の範囲などは，現時点では特段決まっているものではありません。

　なお，民間活用の検討に当たっては，必ずしも番号法の施行後3年を目途として，番号法を改正しなければならないわけではなく，個人番号又は個人番号に対応する符号（2条8項，→Q21）を用いるものでなければ，民間事業者が番号制度のスキームを活用することも可能です。たとえば，マイ・ポータルとシステム連携し，顧客にサービス情報を提供していくことなども考えられます。

　いずれにしても，番号制度の目的を達成しつつ，国民のプライバシー権が脅かされることのないよう，どのような民間活用が認められるべきか，その際どのような特定個人情報保護が必要となるかなどの点について，徹底した検討が求められます。

---

1) 後記**2**の健康保険組合などにおける利用や，激甚災害時等における金融機関の利用（9条4項）など。

Q & A
Q&A ON THE NUMBER ACT

番号法

II. 番号法の解説

Q. NUMBER 20 → NUMBER 55

Q. NUMBER 20

番号法の構成を教えてください。

A. 番号法は，個人番号に関する規定，法人番号に関する規定，そして個人番号・法人番号に共通する規定から成る，9章構成（→図5）の法律です。

1. 個人番号・法人番号に共通する規定

1章・8章・9章が，個人番号・法人番号に共通する規定です。

1章は，番号法の目的（1条），番号法で用いられる定義語（2条），基本理念（3条），責務（4条～6条）について規定しています。8章は，指定都市の特例（62条），権限・事務の委任（64条），政令への委任（66条）など，雑則を規定しています。9章は，罰則を規定していますが，法人番号に対する罰則が規定されていないため，実質的には個人番号に関する規定となっています。

2. 個人番号に関する規定

2章から6章が個人番号に関する規定です。

2章では，個人番号単体に関する規定が置かれています。重要な規定としては，個人番号の指定・通知・生成（7条・8条）のほか，個人番号の利用範囲を限定した規定（9条）が挙げられます。

3章は個人番号カードに関する規定です。なお通知カードは，2章に規定があります。

4章は特定個人情報の提供に関する規定で，重要な規定としては，番号法19条7号・別表第2の情報提供ネットワークシステムを使用した情報連携の規定

図5／番号法の構成

1章	総則（1条～6条）
2章	個人番号（7条～16条）
3章	個人番号カード（17条・18条）
4章	特定個人情報の提供（19条～25条）
5章	特定個人情報の保護（26条～35条）
6章	特定個人情報保護委員会（36条～57条）
7章	法人番号（58条～61条）
8章	雑則（62条～66条）
9章	罰則（67条～77条）
附則	（1条～6条）
別表	別表第1（9条関係），別表第2（19条関係）

が挙げられます。

5章は特定個人情報の保護全般に関する規定です。情報保護評価（26条・27条）のほか，一般法である個人情報保護法などの読替規定などが置かれています。

6章は特定個人情報保護委員会に関する規定です。特定個人情報保護委員会の組織（6章1節），業務（6章2節），雑則（6章3節）が規定されています。特定個人情報保護委員会が行使する権限は50条～52条，54条，55条に規定されています。

3．法人番号に関する規定

7章が法人番号に関する規定です。法人番号の通知・公表（58条）などの規定が置かれています。

4．附則

附則は6条構成です。1条は施行期日について，3条は個人番号の一斉付番について，6条は今後の検討について規定しています。

Q. NUMBER 21

1. 個人番号／(1) 定義

個人番号とは何ですか。

A.

個人番号とは，番号法に基づき，全国民，そして行政サービスの対象となる外国人に対し付番される番号をいいます（狭義の個人番号）。ただし番号法では脱法行為を防ぐため，個人番号に1を足して変換したものなど，個人番号の代替物と考えられるものについても，個人番号として定義しています（広義の個人番号）。

1．狭義の個人番号

個人番号は，住民票コードをもととして，全国民，そして行政サービスの対象となる外国人に対し付番される番号（→Q3）であり，市区町村長が個人番号を指定した後，速やかに本人に対して通知されます（7条・附則3条，→Q3）。個人が勤務先や市役所に届け出る個人番号，企業が税務署に届け出る従業員などの個人番号，税務署や日本年金機構などで利用される個人番号などは，この狭義の個人番号に当たります。

2．広義の個人番号

番号法は，特定個人情報の取扱いが安全かつ適正に行われるようにするための法律です。番号法で狭義の個人番号に対してのみ規制をしても，個人番号を脱法的に変換した番号などを個人番号の代わりに悪用されてしまっては，番号法の目的を達成することができません。そこで個人番号の代替物と考えられるような番号・符号については，広義の個人番号として，番号法の各種規制を及ばせるよう

にしています。

　広義の個人番号は，番号法上，「個人番号に対応し，当該個人番号に代わって用いられる番号，記号その他の符号であって，住民票コード以外のもの」と定義されており（2条8項），情報提供ネットワークシステムを介した情報連携のために用いられる連携符号（リンクコード）やIDコードもこれに該当します。

　すなわち広義の個人番号に該当するものは，個人番号を脱法的に変換したものや，個人番号や住民票コードから生成される番号・符号など，個人番号に性質上対応するものをいいます。ただし，住民票コード自体の取扱いは住民基本台帳法の規制に服するものであるため，番号法の規制を及ぼす必要性がなく，広義の個人番号には含まれていません。

3．既存の番号は広義の個人番号に含まれない

　基礎年金番号や社員番号などの既存の番号は，番号制度導入後，個人番号と対照して管理されることが想定されます。このように個人番号と対照して管理される番号は，個人番号を脱法的に変換したものでもなく，また個人番号や住民票コードから生成される番号でもなく，個人番号に性質上対応するものではないため，広義の個人番号には含まれません。

4．番号法の規制

　番号法では，まず2条5項にて狭義の個人番号を定義しています。その上で，2条8項にて，同項括弧書きに規定された一部の規定を除き，個人番号を，広義の個人番号を含むものとして定義しています。なお，一部の規定とは，狭義の個人番号の生成・指定・通知に関連する規定を指します。つまり，文理上，狭義の個人番号である必要のある規定のみ，狭義の個人番号を指すこととされており，基本的に番号法上の個人番号とは，広義の個人番号を指すものとされています。

1．個人番号／(1) 定義

Q. NUMBER 22

特定個人情報とは何ですか。

A. 特定個人情報とは，個人番号を含む個人情報をいいます。個人番号単体のほか，個人番号が記載された書類，個人番号が記録された電子ファイル，個人番号が表示された画面などがこれに該当します。

1．特定個人情報は個人情報の一種

　特定個人情報とは個人情報のうち個人番号を含むものをいうため（2条8項），特定個人情報は，一般法である個人情報保護法などが規定する個人情報に該当するものです。個人情報のうち個人番号をその内容に含むものについては，個人番号をもとに名寄せされる危険性があるため，一般の個人情報に比し，番号法で厳格な保護措置が講じられています。

2．個人情報の定義は主体によって異なる

　なお，ここにいう個人情報とは，主体によって定義が異なります。行政機関においては行政機関個人情報保護法[1]上の個人情報の定義，独立行政法人等においては独立行政法人等個人情報保護法[2]上の個人情報の定義，地方公共団体や民間事業者などその他の者においては，個人情報保護法[3]上の個人情報の定義によることになります。

　そして，行政機関個人情報保護法・独立行政法人等個人情報保護法にいう個人情報と，個人情報保護法にいう個人情報とでは，前者の方が広い概念です。ひとつの情報ではそれが誰の情報かがわからないものの，他の情報と組み合わせれば

誰の情報かわかる情報についても，行政機関個人情報保護法・独立行政法人等個人情報保護法上は，個人情報に該当します。一方，個人情報保護法では，ひとつの情報ではそれが誰の情報かがわからない情報については，他の情報と「容易に」照合できるものであって，それによって誰の情報かわかる情報のみを個人情報に含めています。つまり，行政機関個人情報保護法・独立行政法人等個人情報保護法と個人情報保護法では，情報と情報を組み合わせる労力の程度に差異があります。

このように個人情報の定義は主体によって若干異なりますが，実際に特定個人情報に該当するものは原則として同一であると考えられます。なぜなら，個人番号を含んでいれば，他の情報と組み合わせずとも，それが誰の情報であるか識別することができるためです。

3. 広義の個人番号を含む

なお前述の通り，個人番号には狭義の個人番号と広義の個人番号がありますが（→Q21），広義の個人番号を含むものも，特定個人情報に該当します。したがって，狭義の個人番号そのものを含まないものの，連携符号（リンクコード）を含む情報なども，特定個人情報に該当し，番号法上の各種規制が及びます。

4. 特定個人情報の例

個人番号はそれ単体でも，特定個人情報に該当します。その他特定個人情報に該当するものとしては，個人番号が記載された確定申告書，法定調書，各種給付申請書などの書面や，個人番号が記録された法定調書データ，国税庁や日本年金機構にて保有されている各種データ，住民票情報などが挙げられます。

---

1) 行政機関の保有する個人情報の保護に関する法律。
2) 独立行政法人等の保有する個人情報の保護に関する法律。
3) 個人情報の保護に関する法律。

1. 個人番号／(1) 定義

Q. NUMBER 23

アクセス記録（情報提供等記録，情報連携記録）とは何ですか。

A. アクセス記録は特定個人情報の一種で，情報提供ネットワークシステムを介した特定個人情報の照会・提供の記録です。これにより，情報提供ネットワークシステムを介しどのような情報連携があったかを確認することができます。

1．不正な情報連携の有無を確認できる

アクセス記録とは，番号法23条に規定された記録をいい，情報提供等記録や情報連携記録などと呼ばれることがあります。

情報提供ネットワークシステムを介し特定個人情報の照会・提供を行う者は，その都度全てのやりとりを記録・保存しなければなりません（23条1項・2項）。

アクセス記録を見ることで，情報提供ネットワークシステムを介していつ誰が誰の特定個人情報を照会・提供したのか把握することができ，不正な情報連携の有無を確認することができます。

本人はアクセス記録の開示請求を通して，アクセス記録を閲覧することができます。書面のほかマイ・ポータル（→Q10）で簡単に閲覧することが可能です（附則6条5項）。

アクセス記録は，特定個人情報保護委員会（→Q50）によっても定期的にチェックされます。疑わしい情報連携があれば，特定個人情報保護委員会は関係者に報告を求めたり立入検査を行うことができます（52条1項）。また違法行為者に対し勧告・命令を行うことができます（51条，→Q51）。

2. アクセス記録は特定個人情報の一種

アクセス記録には狭義の個人番号は含まれませんが，広義の個人番号が含まれるため（→Q21），特定個人情報に該当します。ただし，情報提供ネットワークシステムを介した情報連携の適正性確認のためにのみ用いられることから，一般の特定個人情報とは規制を異にする部分があります。一般の特定個人情報は，人の生命・身体・財産の保護の必要がある一定の要件を満たす場合には目的外利用が可能ですが，アクセス記録の場合は一切の目的外利用が禁止されます。またアクセス記録は利用停止を請求できず，開示・訂正時の移送もなされません。

3. アクセス記録の保存義務者

アクセス記録の記録及び保存が義務付けられるのは，情報提供ネットワークシステムを介して特定個人情報を照会する全ての情報照会者，情報提供ネットワークシステムを介して特定個人情報を提供する全ての情報提供者（23条1項・2項），そして情報提供ネットワークシステムを設置・管理する総務大臣（23条3項）です。アクセス記録がこれらの3か所で記録・保存されることで，アクセス記録が改ざんされた場合も3か所の記録を突合することができます。

4. アクセス記録の対象

総務大臣が保有するアクセス記録には，情報提供ネットワークシステムを介してやりとりされた全ての記録が記録されますが，その他の行政機関や地方公共団体など，情報照会者・情報提供者が保有するアクセス記録には，自機関が情報提供ネットワークシステムを介して特定個人情報の照会又は提供を行った記録のみが記録されます。したがって，アクセス記録の内容を確かめたい場合は，総務大臣が保有するアクセス記録について開示請求を行う方が効率的といえます。なお，総務大臣が保有するアクセス記録は，マイ・ポータル上での開示の実施が予定されています。

1. 個人番号／(1) 定義

Q. NUMBER 24

特定個人情報ファイルとは何ですか。

A. 特定個人情報ファイルとは、個人情報ファイル又は個人情報データベース等のうち、個人番号を含むものをいいます。電子ファイル・テーブル・データベースだけでなく、目次・索引などが付された書面もこれに該当する可能性があります。

1. 個人情報ファイル／個人情報データベース等の一種

特定個人情報ファイルとは、主体によって定義が異なります。行政機関・独立行政法人等においては、個人番号を含む個人情報ファイルをいい、その他の者においては、個人番号を含む個人情報データベース等をいいます（→図6）。個人情報ファイルとは行政機関個人情報保護法・独立行政法人等個人情報保護法の概念で（行政機関個人情報保護法2条4項・独立行政法人等個人情報保護法2条4項）、個人情報データベース等は個人情報保護法の概念です（個人情報保護法2条2項）。

個人情報ファイルと個人情報データベース等とは名称が異なるほか定義も若干異なりますが（→図7）、該当するものは概ね同一です。

2. 特定個人情報ファイルと特定個人情報

特定個人情報ファイルとは、検索性を有する、特定個人情報の体系的集合物をいいます。特定個人情報に比べ、特定個人情報ファイルの方が狭い概念です。

たとえば、個人番号が記載された書面は特定個人情報に該当しますが、索引・目次などが付されていない場合は、原則として特定個人情報ファイルには該当し

図6／機関の種別ごとの個人情報ファイルの定義

機関の種別	番号法上の個人情報ファイルの定義
行政機関	行政機関個人情報保護法の個人情報ファイル
独立行政法人等	独立行政法人等個人情報保護法の個人情報ファイル
それ以外（民間企業・地方公共団体等）	個人情報保護法の個人情報データベース等

図7／個人情報ファイル・個人情報データベース等の法令上の定義

個人情報保護法	行政機関個人情報保護法 独立行政法人等個人情報保護法
① 電子計算機用ファイル（2条2項1号） ・特定の個人情報を ・電子計算機を用いて 　検索することができるように ・体系的に構成した ・個人情報を含む情報の集合物	① 電子計算機用ファイル（2条4項1号） ・一定の事務の目的を達成するために ・特定の保有個人情報を ・電子計算機を用いて 　検索することができるように ・体系的に構成した ・保有個人情報を含む情報の集合物
② マニュアル処理用ファイル （2条2項2号・個人情報の保護に関する法律施行令1条） ・これに含まれる個人情報を一定の 　規則に従って整理することにより ・特定の個人情報を容易に 　検索することができるように ・体系的に構成した情報の集合物であって， 　目次，索引その他検索を容易にするための 　ものを有するもの	② マニュアル処理用ファイル（2条4項2号） ・一定の事務の目的を達成するために ・氏名，生年月日，その他の記述等により ・特定の保有個人情報を 　容易に検索することができるように ・体系的に構成したもの

ません。これに対し，個人番号が記録された電子ファイルは，特定個人情報かつ特定個人情報ファイルである場合が多いです。特に，特定個人情報がシステム上のデータベースに保有されている場合は，原則として検索性を有する体系的集合物に該当するため，特定個人情報に該当すると同時に特定個人情報ファイルにも該当すると考えられます。

1. 個人番号／(1) 定義

Q. NUMBER 25

個人番号利用事務・個人番号関係事務とは何ですか。

A.

　　番号法では，個人番号を利用できる場合が限定されています。番号法上認められた個人番号を利用する場面のうち，最も原則的なものが個人番号利用事務で，年金，労災保険，健康保険，介護保険，国税・地方税事務などをいいます。次に原則的なものが個人番号関係事務であり，個人番号関係事務は，個人番号利用事務のために必要となる手続などを指します。

1．個人番号利用事務

(1)　個人番号利用事務とは

　個人番号利用事務とは，社会保障・税・防災事務のうち個人番号を利用することが番号法上認められた事務をいい，年金，労災保険，健康保険，介護保険，予防接種，児童手当，生活保護，公営住宅，国税・地方税などの事務がこれに当たります。

　なお個人番号利用事務は，①番号法別表第1に規定された事務（9条1項・別表第1）と②地方公共団体が条例で定める事務（同条2項，→Q30・Q31）に分けられます。

(2)　個人番号利用事務は法令又は条例に列挙された事務のみ

　個人番号が悪用されれば，多種多様な個人情報を容易に集約することができるため，プライバシー権保護のためには，個人番号を利用できる場面を限定する必要があります。一方で，番号制度を導入するからには，番号制度の目的である行

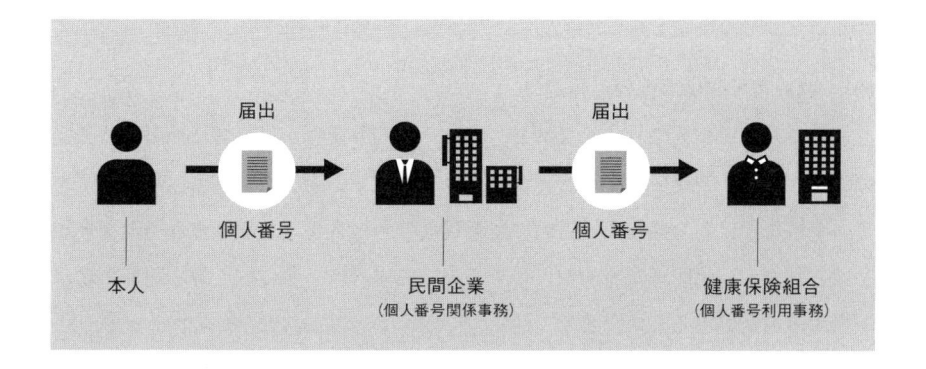

図8／個人番号関係事務と個人番号利用事務

政運営の効率化及び国民の利便性向上を達成できると考えられる場面では，個人番号を積極的に活用する必要があります。

そこで番号法では，法令又は条例上認められた場合以外には，個人番号を利用することができないよう定めることで，プライバシー権保護の要請と番号制度の目的実現の調和を図ることとしています。

Q25

2．個人番号関係事務

(1) 個人番号関係事務とは

個人番号利用事務で個人番号を利用するためには，個人番号利用事務に対する手続を行う民間事業者などにおいても，個人番号が利用される必要があります。たとえば，健康保険組合が個人番号を利用して個人番号利用事務を遂行するためには，加入手続の際に，勤務先などから従業員の個人番号を届け出てもらう必要があります。このような，個人番号利用事務に関して法令に基づき行われる他人の個人番号を利用する事務を，個人番号関係事務といいます（9条3項，→図8）。

個人番号は「民―民―官」と流通する番号であるといわれることがありますが，これは個人番号関係事務の存在を表しています。行政機関などの「官」が個人番号を利用するためには，個人から民間事業者へと個人番号が提示されていく必要があります。すなわち，個人など（最初の「民」）が，民間事業者など（次の

Ⅱ　番号法の解説　065

「民」）に個人番号を提示し，民間事業者は提示された個人番号を税務署や市町村など（「官」）に提出していくこととなります。中間の「民」が行う事務が個人番号関係事務です。

(2) 個人番号関係事務の具体例

　個人番号関係事務の具体的な例としては，民間事業者が税務署に提出する法定調書などに，従業員や株主などの個人番号を記載する場合や，雇用保険・児童手当の手続などに際し提出する書面に従業員などの個人番号を記載する場合などが挙げられます。民間事業者が個人番号を用いる場合は，主に個人番号関係事務に該当する場合であるといえます。

　なお，番号法上，個人番号関係事務を処理する者は民間事業者に限定されません。行政機関や地方公共団体が，職員の個人番号を法定調書などに記載する場合なども，個人番号関係事務に該当します。

　また，一般個人であっても，個人番号関係事務を行うことがあります。たとえば，扶養家族の個人番号を確定申告書などに記載して税務署に提出する場合など，自己以外の他人の個人番号を法令に基づき利用する場合は，一般個人であっても個人番号関係事務実施者となります。番号法上個人番号関係事務は，個人番号利用事務の処理に関して必要とされる「他人の個人番号」を法令又は条例に基づき利用する事務と定義されているためです（2条11項・9条3項）。

3. 個人番号利用事務実施者／個人番号関係事務実施者

　個人番号利用事務に関係するものとして，個人番号利用事務実施者という定義があります。個人番号利用事務実施者とは，個人番号利用事務を処理する者と個人番号利用事務の全部又は一部の委託を受けた者をいいます（2条12項）。したがって，別表第1に規定された者だけでなく，番号法9条2項に基づく条例により個人番号を利用する地方公共団体の執行機関や，その受託者などもこれに該当します。

　同様に，個人番号関係事務を処理する者と個人番号関係事務の全部又は一部の委託を受けた者を，「個人番号関係事務実施者」といいます（同条13項）。

図 9／個人番号利用事務等と個人番号利用事務等実施者

事務		ひと
個人番号利用事務 例／年金, 国税	個人番号利用事務等	個人番号利用事務実施者 例／行政機関, 　　地方公共団体, 　　健康保険組合	個人番号利用事務等実施者
個人番号関係事務 例／法定調書の提出		個人番号関係事務実施者 例／法定調書を提出 　　する民間事業者	

4. 個人番号利用事務等／個人番号利用事務等実施者

　個人番号利用事務と個人番号関係事務を合わせて,「個人番号利用事務等」といいます（10条1項）。個人番号利用事務実施者と個人番号関係事務実施者を合わせて,「個人番号利用事務等実施者」といいます（12条, →図9）

1. 個人番号／(1) 定義

Q. NUMBER 26

死者の情報は番号法上どうなっているのですか。

A. 死者の情報は，番号法上，「特定個人情報」には該当しませんが，「個人番号」に該当します。そのため，死者の個人番号についても番号法上の個人番号規制に服することとなり，具体的には安全管理措置義務などが課せられます。

1. 個人情報保護法における「個人情報」

個人情報保護法では，個人情報保護法の対象となる「個人情報」に，死者の情報を含めていません（個人情報保護法2条1項）。個人情報保護法は，IT化の進展に伴って個人情報の利用が著しく拡大している中で，個人情報の取扱いに関して個人の権利利益が保護されることを目的とするものであるため，ここで課題となる個人情報の保護は生存者の個人情報であると考えられ，死者の情報は「個人情報」には含められませんでした[1)2)]。ただし，死者の情報が，同時に遺族などの生存者に関する情報でもある場合は，「個人情報」に該当し，個人情報保護法の対象となります。

2. 行政機関・地方公共団体などにおける「個人情報」

なお，行政機関個人情報保護法も，独立行政法人等個人情報保護法も，個人情報保護法と同様に，死者の情報は「個人情報」には含めていません。

ただし，地方公共団体が定める個人情報保護条例では，死者の情報も「個人情報」に含めている例が見られ，横浜市個人情報の保護に関する条例や，山形県個

人情報保護条例などがその例として挙げられます。

3. 番号法における「特定個人情報」／「個人番号」
(1) 特定個人情報
　番号法でも，個人情報保護法，行政機関個人情報保護法，独立行政法人等個人情報保護法と同様に，死者の情報は，「個人情報」にも「特定個人情報」にも含めていません。
(2) 個人番号
　これに対し個人番号は，個人情報や特定個人情報とは異なり，死者の個人番号もその対象に含まれています。もし死者の個人番号を使って情報が名寄せされて漏えいした場合，名寄せされていない個別の情報が漏えいした場合よりも，遺族などの権利利益に与える侵害の程度が大きいと考えられます。これは，個人番号が対象者を正確に特定し，多種多様な情報を結合させることができることによるものです。遺族など生存者の権利利益を保護するという観点から，死者の情報であっても個人番号については，最低限の保護措置を講じておくべきであると考えられます。

　そこで，番号法では，「個人情報」の定義として，生存者の情報であることを求めることとしましたが，「個人番号」の定義としては，生存者の個人番号であることを求めていません。したがって，番号法上，「個人番号」とは生存者の個人番号のみならず死者の個人番号も含むものであり，死者の個人番号に対しても，安全管理措置など，個人番号を対象とした規制が課せられます。

---

1) 園部逸夫編『個人情報保護法の解説〔改訂版〕』（ぎょうせい，2005年）47頁〜48頁。
2) 個人情報保護法2条1項に定められた「個人情報」の定義。
　　この法律において「個人情報」とは，<u>生存する個人に関する情報</u>であって，当該情報に含まれる氏名，生年月日その他の記述等により特定の個人を識別することができるもの（他の情報と容易に照合することができ，それにより特定の個人を識別することができることとなるものを含む。）をいう。

1. 個人番号／(2) 特定個人情報保護規制 総論

Q. NUMBER 27

個人情報保護法令とはどういう関係になるのですか。

A. 番号法は，個人情報保護法，行政機関個人情報保護法，独立行政法人等個人情報保護法，個人情報保護条例の特別法です。番号法では，これらの個人情報保護法令を基本とした上で，特定個人情報の特性に鑑み必要となる特則を定めています。

1．番号法は特別法

番号制度導入前から，個人情報を取り扱う際に，民間事業者は個人情報保護法に，行政機関は行政機関個人情報保護法に，独立行政法人等は独立行政法人等個人情報保護法に，地方公共団体は各個人情報保護条例に服するものとされています[1]。特定個人情報は，これら個人情報保護法令上の個人情報に該当する[2]ため，特定個人情報を取り扱う際には個人情報保護法令に服することとなります。

しかし個人番号には個人を正確に特定するという特性があり，かかる特性に鑑み特定個人情報の適切な取扱いを確保するため，番号法では個人情報保護法令の特則を定めています。つまり，番号法は個人情報保護法令の特別法です。

2．法令の適用関係

したがって，特定個人情報を取り扱うには，番号法だけでなく，一般法にも服することとなります。番号法が一般法の特則を定めている部分は番号法が適用され，番号法が一般法の特則を定めていない部分は一般法（民間事業者は個人情報保護法，行政機関は行政機関個人情報保護法，独立行政法人等は独立行政法人等

個人情報保護法，地方公共団体は各個人情報保護条例）が適用されます。

　番号法による一般法の特則には，書き起こしの規定と，読替えないし適用除外の規定があります。書き起こしの規定が定められている場合は，番号法の規定がそのまま適用され，読替えの規定が定められている場合は，番号法により読み替えられた一般法が適用され，適用除外が定められている場合は，その部分については一般法の規定は適用されないこととなります（→図10）。

図10／法令の適用関係

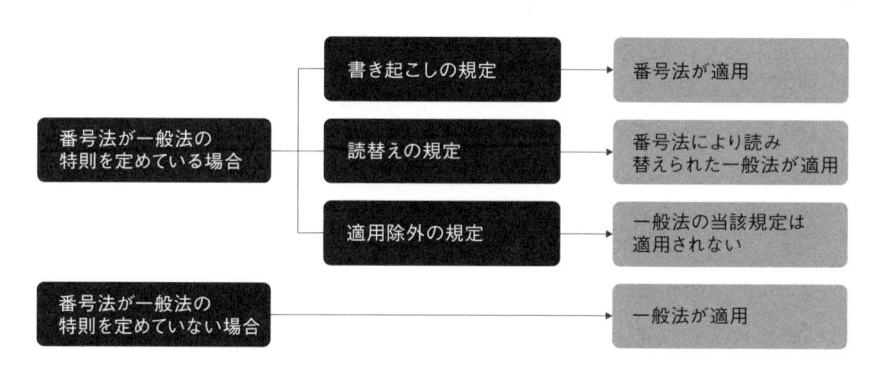

```
                          ┌─ 書き起こしの規定 ──→ 番号法が適用
番号法が一般法の           │
特則を定めている場合 ──────┼─ 読替えの規定 ─────→ 番号法により読み
                          │                         替えられた一般法が適用
                          └─ 適用除外の規定 ───→ 一般法の当該規定は
                                                   適用されない

番号法が一般法の
特則を定めていない場合 ──────────────────────→ 一般法が適用
```

1) ただし，個人情報保護法の第1章から第3章は，基本理念や，国の責務，地方公共団体の責務などを定めており，かかる基本法制部分（同法1章から3章まで）は，行政機関，独立行政法人等，地方公共団体などにも及ぶことになります。
2) 特定個人情報は個人情報保護法，行政機関個人情報保護法，独立行政法人等個人情報保護法上の個人情報に該当しますが，地方公共団体の定める各個人情報保護条例上の個人情報に該当するか否かは，厳密にいえば条例上の個人情報の定義によります。ただし，一般的な個人情報保護条例であれば，特定個人情報は，個人情報保護条例上の個人情報に該当すると考えられます。

1. 個人番号／(2) 特定個人情報保護規制 総論

Q. NUMBER 28

個人情報保護法令との相違点は何ですか。

A. 番号法は，個人番号や特定個人情報の適正な取扱いを確保するために，個人情報保護法令よりも厳格な規制を規定しています。個人情報保護法令との相違点としては，①利用規制，②提供規制，③管理規制，④本人からのアクセスの充実，⑤情報保護評価，⑥執行強化が挙げられます。また，これまで個人情報保護法の適用がなかった小規模事業者についても規制が設けられています。

番号法では，特定個人情報の適正な取扱いを確保するため，個人情報保護法令とは，規制の内容面，そして対象者の点で差異を設けています。

規制の内容面については，①特定個人情報の利用に関する**利用規制**，②特定個人情報の提供・収集・本人確認などに関する**提供規制**，③特定個人情報の管理・委託などに関する**管理規制**，④**本人からのアクセスを充実**させるための措置，⑤特定個人情報ファイルに対するリスク対策を検討する**情報保護評価**，⑥特定個人情報の不正取扱いに対する**執行強化**に分けられます。

対象者については，小規模事業者に対しても規制を設けています。

1．利用規制

番号法では，特定個人情報の適正な利用を確保するために，個人情報保護法とは異なる規制として，以下を規定しています。

・目的内利用／目的外利用規制（→Q33)[1]

個人番号の利用範囲を限定（9条1項・別表第1, 9条2項, 9条3項, 9条5項）するとともに，特定個人情報の目的外利用の禁止を厳格化します（9条4項，29条〜32条）。

・ファイル作成規制（→Q33）[1]

特定個人情報ファイルを作成できる場合を限定します（28条）。

2. 提供規制

番号法では，特定個人情報の適正な提供・収集・本人確認などを確保するために，個人情報保護法とは異なる規制として，以下を規定しています。

・提供制限（→Q35）[1]

特定個人情報を提供できる場合を限定します（19条）。

・提供の求め規制（→Q35）[1]

個人番号の提供を求めることができる場合を限定します（15条）。

・収集規制（→Q35）[1]

特定個人情報を収集できる場合を限定します（20条）。

・アクセス記録の記録・保存（→Q35）[1]

情報提供ネットワークシステムを介して特定個人情報の照会・提供を行った場合には，全ての照会・提供について記録・保存する義務を課します（23条）。

・本人確認規制（→Q39）

厳格な本人確認方法を規定します（16条）。

3. 管理規制

番号法では，特定個人情報の適正な管理・委託などを確保するために，個人情報保護法とは異なる規制として，以下を規定しています。

・保管規制（→Q42）[1]

特定個人情報を保管できる場合を限定します（20条）。

・委託規制（→Q43）

個人番号利用事務等を再委託する場合に委託元の許諾を要する（10条1項）

など，委託に関し規制を課します。

・安全管理措置（→Q42）[1]

死者の個人番号を含めた個人番号について安全管理措置義務を課します（12条）。

4．本人からのアクセスの充実

番号法では，本人による特定個人情報へのアクセスを充実させるために，個人情報保護法とは異なる規制として，以下などを規定しています。

・任意代理人による請求（→Q44）[1]

本人による請求が困難な方なども特定個人情報にアクセスできるよう，任意代理人による開示・訂正・利用停止請求を認めます（29条～31条）。

・マイ・ポータル（→Q44）[1]

マイ・ポータル（附則6条5項）を新設し，マイ・ポータル上でアクセス記録などの開示を実施します。

・開示手数料の減免（→Q44）[1]

経済的事情によらず特定個人情報にアクセスできるよう，開示手数料の減免を可能とします（29条～31条）。

5．情報保護評価

行政機関の長，独立行政法人等，地方公共団体の機関，地方独立行政法人，地方公共団体情報システム機構，情報提供ネットワークシステムを使用する者は，特定個人情報ファイルを保有する前に情報保護評価を実施しなければならない義務が課されます（27条，→Q46～Q48）。

6．執行強化

番号法では，法執行を強化するために，個人情報保護法とは異なる規制として，以下を規定しています。

・特定個人情報保護委員会

特定個人情報の取扱いを特定個人情報保護委員会によって監視・監督します（38条1号，→Q50・Q51）。

・罰則

不正行為に対する罰則を強化します（→Q52）。

7. 対象者の拡大：小規模事業者への規制

個人情報保護法では，5000人以下の個人情報を保有する事業者[2]については，取り扱う個人情報の量及び利用方法からみて，個人の権利利益を害するおそれが少ないと考えられるため，個人情報保護法の規制対象外とされていました。

しかし個人番号は，それがたとえ1つの個人番号であっても，対象者についてさまざまな個人情報を収集・集約し得るものです。そこで番号法では，小規模事業者へ与える実務的な影響・負担を考えながら，個人番号が内包する危険性に照らして必要不可欠と考えられる規制については，5000人以下の個人情報を取り扱う事業者[2]についても，適用することとしています。

具体的には，以上に記載した規制のうち，④アクセスの充実以外は，小規模事業者に対しても適用されることとなります。ただし，⑤情報保護評価及び②のうちのアクセス記録の記録・保存については，民間事業者については情報提供ネットワークシステムを使用する場合に義務付けられるものですので，情報提供ネットワークシステムを使用することが想定されていない小規模事業者においては，適用されません。

---

1) Q33, Q35, Q42, Q44では，番号法特有の規制のみを解説しているものではありません。利用・提供・管理・アクセスの充実に関し，一般法による規制と番号法特有の規制の双方を合わせて解説しています。これに対しこのQ28では，番号法と個人情報保護法令の相違点のみを挙げていますので，ご留意ください。
2) 個人情報保護法の規制対象外となる事業者に関する厳密な定義については，個人情報保護法2条3項5号・個人情報保護法施行令2条を参照ください。

Q. NUMBER 29

特定個人情報を適法に収集して利用・提供するためには，特に何に留意すればよいですか。

A.

　特定個人情報は，収集・利用・提供といった情報のライフサイクルごとに規制が課されています。そのため，自分の行う行為が，収集・利用・提供のいずれに該当するか否かによって，服すべき番号法の規制が異なってきます。

　収集・利用・提供のいずれに該当するかの判断には，同一組織内の行為か否かが重要となります。同一組織内で特定個人情報を授受する場合は「収集」「提供」に該当せず，「利用」に該当することになります。一方，他の組織との間で授受する場合には「収集」「提供」に該当することとなります。「利用」に該当する場合は，利用規制・管理規制・本人からのアクセス・情報保護評価に留意すればよく，「収集」「提供」に該当する場合にはこれに加えて提供規制に留意する必要があります。

1. 番号法上の規制を確認するには同一組織か否かが判断のポイント

(1) 利用規制か提供規制か

　特定個人情報は，収集・利用・提供といった情報のライフサイクルごとに規制が課されています。収集・利用・提供のいずれかに該当するかの判断には，同一組織内か否かが重要となります。

　たとえば特定個人情報を入手するのも，同一組織内で既に保有している特定個人情報から入手する場合は，「利用」に該当することとなり，利用規制に服します。一方，本人や他組織から特定個人情報を入手する場合は，「収集」に該当す

図11／特定個人情報のライフサイクルごとの規制

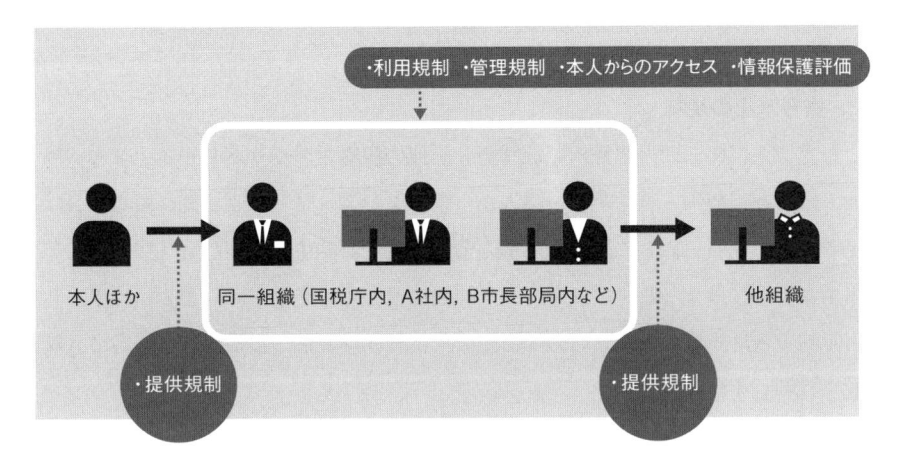

ることとなり，提供規制に服します。また特定個人情報を移転させる場合も，同一組織の他の職員に特定個人情報を渡す場合は「利用」に該当しますが，他の組織に渡す場合は「提供」に該当します。

(2) 同一組織とは何か

では，同一組織か否かは，どのように判断すればよいのでしょうか。番号法では，行政機関・独立行政法人等・民間事業者については，当該組織内か否かで，同一組織かどうか判断されます。異なる部課であっても，当該組織内（厚生労働省内・A株式会社内など）の部課であれば，同一組織に該当することになります。

同一組織の範囲が広すぎるように感じられるかもしれませんが，番号法では目的外利用が厳格に禁止されていますので（→Q33），たとえば厚生労働省内であっても，ごく限定された場合を除き，利用目的通りにしか特定個人情報を利用することができません。したがって，結局一定の課のみが特定個人情報を利用できることとなり，これにより取扱いの適正性を確保します。

これに対し，地方公共団体については，同一機関内（B市長部局内，C県教育委員会内など）であれば同一組織に該当することになります。同一地方公共団体内であっても機関が異なれば（たとえばB市長部局とB市教育委員会は），異な

る組織となります。地方公共団体における規制については，Q30 をご参照ください。

2．番号法上の規制

特定個人情報を同一組織内で取り扱い，他の組織とのやりとりが発生しない場面では，利用規制・管理規制・本人からのアクセス・情報保護評価に留意すれば足ります。他の組織との間で特定個人情報の授受が発生し，「収集」「提供」に該当する場合には，これらに加えて提供規制に留意する必要があります。以下，利用規制，管理規制，本人からのアクセス，情報保護評価，提供規制について，概要を説明します。

(1) 利用規制

特定個人情報を利用するには，目的内利用／目的外利用規制（9条・29条～32条）・ファイル作成規制（28条）を遵守する必要があります。その他，一般法上の利用規制を遵守する必要があり，たとえば利用目的の明示などが求められます（行政機関個人情報保護法4条・11条，独立行政法人等個人情報保護法4条・11条，個人情報保護法18条・24条など）。

詳細は Q33 を参照ください。

(2) 管理規制

特定個人情報を管理するには，保管規制（20条）・委託規制（10条，11条）・安全管理措置（12条）を遵守する必要があります。その他，一般法上の管理規制を遵守する必要があり，たとえば正確性確保の努力義務（行政機関個人情報保護法5条，独立行政法人等個人情報保護法6条，個人情報保護法19条）などが課されます。

詳細は Q42・Q43 を参照ください。

(3) 本人からのアクセス

本人からのアクセスを充実させるに当たり，開示・訂正・利用停止請求規制（29条～31条）を遵守する必要があります。その他，一般法上のアクセスのための措置を遵守する必要があり，たとえば行政機関・独立行政法人等は，不服申

立ての際の諮問（行政機関個人情報保護法42条～44条，独立行政法人等個人情報保護法42条～44条）などが義務付けられます。

詳細はQ44を参照ください。

(4) **情報保護評価**

行政機関の長等に該当する場合には，情報保護評価を実施する必要があります（27条・2条14項）。

詳細はQ46～Q49を参照ください。

(5) **提供規制**

特定個人情報を収集するには，提供の求め規制（15条）・収集規制（20条）・本人確認規制（16条）を遵守する必要があります。特定個人情報を提供するには，提供制限（19条）を遵守する必要があります。また，情報提供ネットワークシステムを使用する場合には，収集・提供の双方の場面で，アクセス記録を記録・保存する必要があります（23条）。その他，一般法上の提供規制を遵守する必要があり，たとえば適正取得などが求められます（独立行政法人等個人情報保護法5条，個人情報保護法17条）。

詳細はQ35を参照ください。

1. 個人番号／(2) 特定個人情報保護規制 総論

Q. NUMBER 30

地方公共団体が特定個人情報を適法に収集して利用・提供するためには，特に何に留意すればよいですか。

A.

まず，提供規制とその他の規制に分けて，番号法上適法か否かを検討しましょう。

提供規制を検討するに当たっては，特定個人情報の入手先又は提供先が同一機関であるかどうかがポイントです。①他の組織との授受，②同一地方公共団体内の他の機関との授受，③同一地方公共団体内の同一機関内での授受のうち，どのパターンに該当するかが重要となります。

特定個人情報の利用に当たっては，独自事務や複数事務で利用・授受する場合に，番号法9条2項に基づく条例が必要である点がポイントとなります。

Q29では，特定個人情報を収集・利用・提供するための一般的留意点を解説していますので，Q29を参照した上で，このQ30をご覧ください。

1. 提供規制

番号法上，他の組織や，他の機関との間で特定個人情報の授受が発生する場合は，提供規制を遵守する必要があります。提供規制に当たっては，①他の地方公共団体や行政機関などの他の組織との授受，②同一地方公共団体内の他の機関との授受，③同一地方公共団体内の同一機関内での授受という3パターンに分類して考える必要があります。

(1) 他の組織との授受（図12・図13参照）

A市教育委員会がB県教育委員会へ特定個人情報を渡す場合のように，特定個人情報を他の地方公共団体や行政機関，民間事業者など，他の組織へ渡す場合は，番号法上の「提供」に該当します。この場合は，条例を定めたとしても提供は認められず，番号法19条各号のいずれかに該当しなければ，特定個人情報を提供することは認められません。

図12／提供元（A市教育委員会）に関連する規制

・利用規制　・管理規制　・本人からのアクセス　・情報保護評価

同一組織（A市教育委員会）　　B県教育委員会

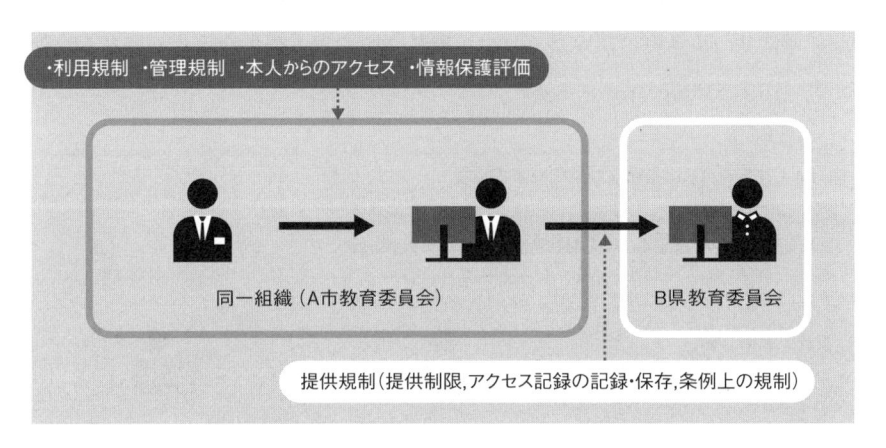

提供規制（提供制限,アクセス記録の記録・保存,条例上の規制）

図13／提供先（B県教育委員会）に関連する規制

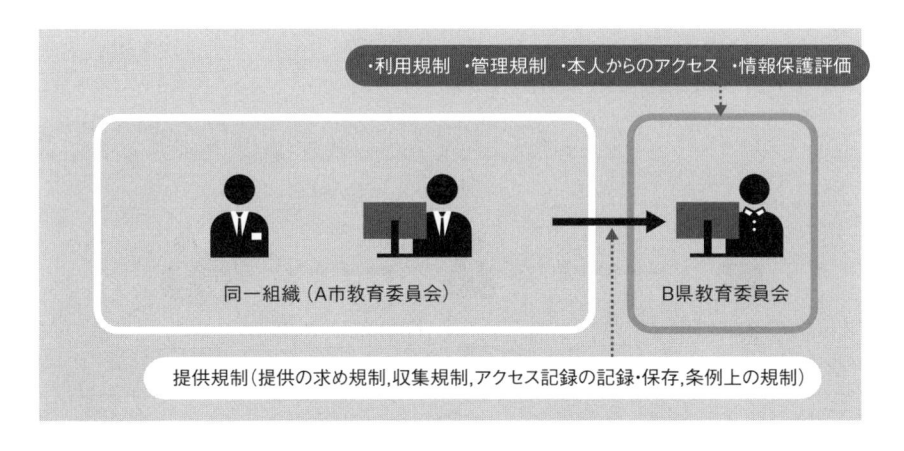

・利用規制　・管理規制　・本人からのアクセス　・情報保護評価

同一組織（A市教育委員会）　　B県教育委員会

提供規制（提供の求め規制,収集規制,アクセス記録の記録・保存,条例上の規制）

(2) 同一地方公共団体内の他の機関との授受（図14・図15参照）

これに対し，C市長部局がC市教育委員会に特定個人情報を渡す場合のように，特定個人情報を同一地方公共団体内の他の機関へ渡す場合は，「提供」に該当しますが，番号法19条9号に基づく条例を規定することで，提供が可能となります。

すなわち，提供元のC市長部局にとっては提供制限が問題となりますが，番号法19条9号に基づく条例の規定があれば，提供が可能です。提供先のC市教育委員会にとっては提供の求め規制，収集規制が問題となりますが，番号法19条9号に基づく条例の規定があれば，収集することも提供を求めることも可能です（15条・20条）。

図14／提供元（C市長部局）に関連する規制

・利用規制　・管理規制　・本人からのアクセス　・情報保護評価

C市長部局 → 同一組織（C市教育委員会）

提供規制（提供制限*,条例上の規制）*番号法19条9号に基づく条例があれば可

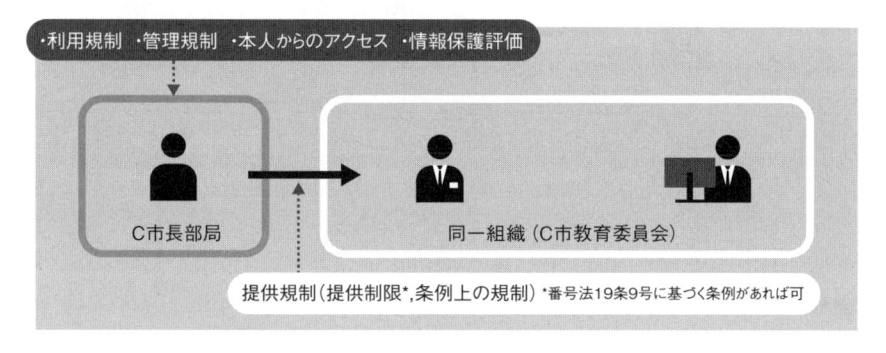

図15／提供先（C市教育委員会）に関連する規制

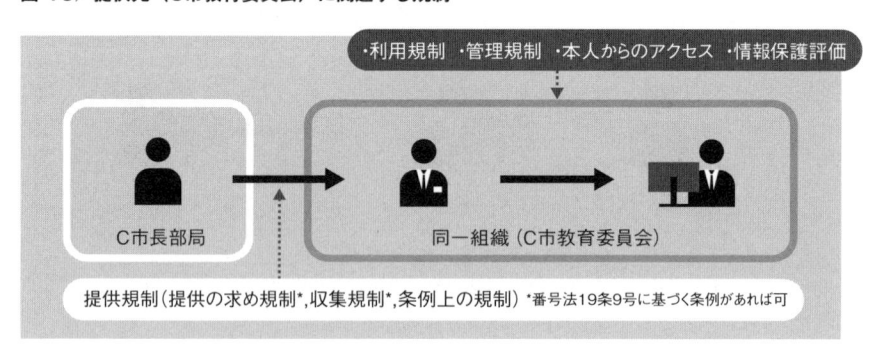

・利用規制　・管理規制　・本人からのアクセス　・情報保護評価

C市長部局 → 同一組織（C市教育委員会）

提供規制（提供の求め規制*,収集規制*,条例上の規制）*番号法19条9号に基づく条例があれば可

ただし，番号法19条9号に基づく条例を定めれば，提供先において特定個人情報を自由に利用できるようになるわけではありません。番号法19条はあくまで提供規制の問題にすぎず，利用規制その他の規制はこれとは別の問題です。つまり，番号法19条9号に基づく条例によって，C市長部局がC市教育委員会に特定個人情報を提供できるようになるにすぎず，提供先のC市教育委員会において提供された特定個人情報を利用するためには，番号法上認められた場合でなければなりません。提供先において特定個人情報を利用するためには，原則として番号法9条1項，2項又は3項に該当することが必要です。

提供規制と利用規制等は異なる問題である点に十分留意する必要があります[1]。

(3) 同一地方公共団体内の同一機関内での授受（図16参照）

D市長部局内のように，同一地方公共団体内の同一機関内で特定個人情報を入手・利用・授受する場合は，「利用」に該当し，番号法19条の規制の問題とはなりません。なおこの際も，D市長部局内で特定個人情報を利用するには，番号法上認められた場合でなければなりません。

図16／同一機関内（D市長部局内）に関連する規制

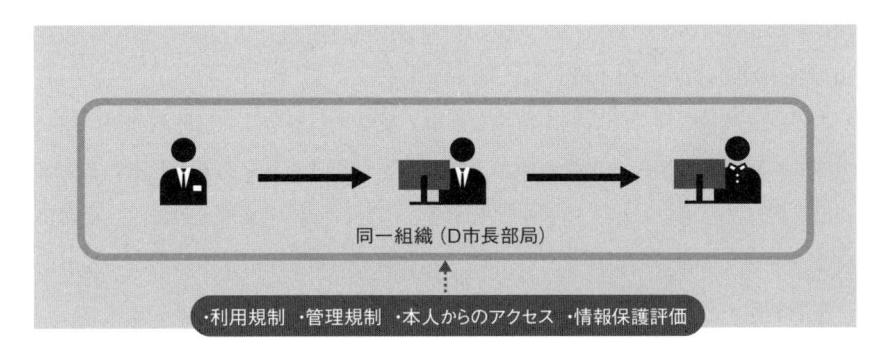

2．利用規制

地方公共団体の同一機関内で特定個人情報を取り扱う際は，利用規制・管理規制・本人からのアクセス・情報保護評価に留意する必要があります。地方公共団体の場合は，利用規制のうちの目的内利用／目的外利用規制（9条・29条〜32

条）が特に問題となり，複数事務で特定個人情報を利用・授受する場合の問題と，地方公共団体の独自事務で特定個人情報を利用する場合の問題に分けられます。

なお，この点は，上記1の(1)から(3)のどのパターンであるかにかかわらず，つまり特定個人情報をどこから入手したかにかかわらず，特定個人情報を取り扱う場合には，常に問題となります。

(1) 複数事務での特定個人情報の利用・授受

(a) 提供規制ではなく利用規制の問題

行政機関では基本的に1つの機関で1つの事務を遂行しているため，複数の事務で同一特定個人情報を利用することは原則としてありません。つまり，行政機関内で別表第1の項（箱）をまたいだ特定個人情報の利用は行われません。その代わりに，他の事務でも特定個人情報を利用したい場合は，その特定個人情報を保有している機関から提供を受けることになります。

一方，地方公共団体では，1つの機関で複数の事務を遂行しているため，複数事務で特定個人情報を利用することがあります。同一地方公共団体内の同一機関内で特定個人情報を授受する場合は，番号法上「提供」ではなく「利用」に該当するため，番号法19条や別表第2の規制は及ばず，番号法9条や目的外利用規制の問題となります。

(b) 複数事務間での利用・授受も目的内利用

この点，複数事務で特定個人情報を利用・授受する場合は，目的内利用に該当するのか目的外利用に該当するのか，疑問に思われることもあるかと思います。利用目的は，一般に，個人情報を保有するに当たって特定するものです。複数事務に特定個人情報を利用するとしても，特定個人情報を保有するに当たって事前に複数事務が利用目的として特定されていれば，目的内利用に該当します。

(c) 番号法9条2項に基づく条例に規定

しかし，目的内利用に該当すれば何の規制もなく，特定個人情報を利用・授受できるわけではありません。番号法では個人番号の利用範囲を限定しており，番号法9条1項・別表第1に規定された事務以外であれば，原則として番号法9条2項に基づく条例に，利用範囲を規定する必要があります。

図 17／公営住宅の入居要件確認のため所得額を入手する場合の具体例

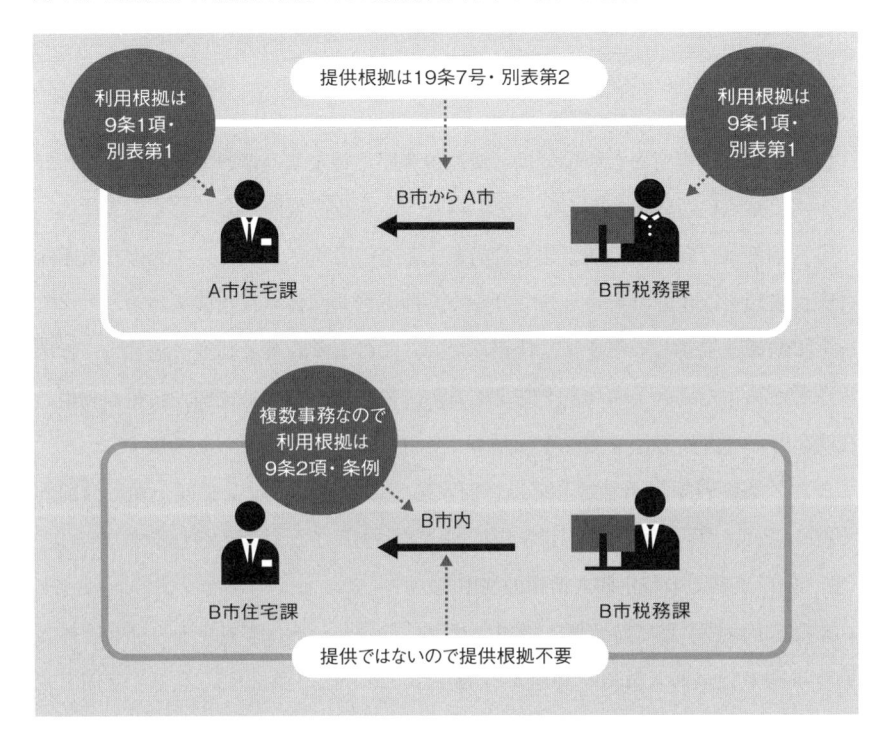

```
利用根拠は              提供根拠は19条7号・別表第2              利用根拠は
9条1項・                                                        9条1項・
別表第1                                                         別表第1
         ┌──────────────────────────────────────┐
         │                 B市からA市              │
         │      [A市住宅課]  ←────  [B市税務課]    │
         └──────────────────────────────────────┘

              複数事務なので
              利用根拠は
              9条2項・条例
         ┌──────────────────────────────────────┐
         │                  B市内                  │
         │     [B市住宅課]  ←────  [B市税務課]     │
         └──────────────────────────────────────┘
                 提供ではないので提供根拠不要
```

　この点，別表第1に規定された事務であっても，複数事務（複数項（箱））で特定個人情報を取り扱う場合は，番号法9条2項に基づく条例を定める必要があります。

(d) 具体例（図17参照）

　具体例で考えてみると，公営住宅の入居要件確認のために所得額を入手する必要がある場合に，転出入などがあり他の市区町村に所得額を照会する場合は，他の組織とのやりとりに当たるため，番号法上特定個人情報の「提供」に該当します。したがって，番号法19条7号・別表第2に基づき，本人の同意なく所得額を授受することができます。

　一方，転出入などがない場合には，同一地方公共団体内の同一機関内で情報のやりとりを行う必要があります。同一地方公共団体内の同一機関内であれば，公

営住宅事務と税務事務双方で所得額を利用・授受するためには，番号法9条2項に基づく条例で，双方の事務で特定個人情報を利用することを規定する必要があります。

(e) **条例の必要性**

　仮に，条例に規定がない場合は，複数事務間で特定個人情報を授受することはできず，本人に所得額証明書などを取得してもらう必要が生じてしまいます。

　番号制度は行政手続の簡素化も目的とするものです。つまり，本人に行政手続の添付書類を取得してもらうのではなく，地方公共団体や行政機関側がバックヤードで情報連携することを促す仕組みです。このような番号制度の趣旨や，転出入などがあった場合との均衡を踏まえると，複数事務での特定個人情報の利用・授受について，番号法9条2項に基づく条例を規定する必要があります。

　なお，条例の規定ぶりとしては，別表第2に該当する授受を同一執行機関内で行う場合については，その旨を包括的に規定することも考えられます。

(2) 独自事務での特定個人情報の利用

　また，1つの事務で特定個人情報を利用する場合であっても，地方公共団体の独自事務で特定個人情報を利用する場合は，番号法9条2項に基づく条例を定める必要があります。

　番号法では，個人番号の利用範囲を限定しており（9条），行政機関では，番号法に法定された事務でのみ個人番号を利用することができます。これに対し，地方公共団体では，番号法に法定されていない事務でも，条例に定めることで個人番号を利用することができます（9条2項）。

　これが認められた理由の1つは，社会保障・防災事務などの多くは地方公共団体が実施していることから，番号制度の目的を達成するためには，独自事務においても個人番号が利用できる必要があるためです。2つ目の理由は，番号法に法定された事務では個人番号を利用することができる一方で，地方公共団体が実施する独自事務では個人番号を利用することができないとすると，番号制度の目的に反し，かえって国民の利便性や行政効率を損なうと考えられたためです。

　したがって，地方公共団体が独自事務で個人番号を利用するためには，複数事

務ではなくそれが1つの事務であっても，番号法9条2項に基づく条例にその旨を定める必要があります。

なお，この場合も，目的内利用に該当することになります。

---

1) これに対し，番号法19条11号から14号に該当する場合は，その提供を受けた目的を達成するために必要な限度であれば，番号法9条5項に基づき個人番号を利用することができます。番号法19条9号の場合は，19条11号から14号とは異なり，このような利用根拠が規定されていないため，本文に記したような留意が必要です。

Q. NUMBER 31

地方公共団体の個人情報保護条例はどうなるのですか。

A. 特定個人情報の適正な取扱いを確保するために，番号法31条に基づき，個人情報保護条例を改正する必要があります。その他，地方公共団体の独自事務に個人番号を利用するなど個人番号のさらなる活用を行う場合は，条例を制定する必要があります。

改正された個人情報保護条例は番号法の一般法となり，特定個人情報を取り扱うに際しては改正個人情報保護条例及び番号法に服することとなります（→Q27）。

1．読替規定に対応する条例改正が必要

（1） 条例改正が必要な理由

番号法では個人番号や特定個人情報に対する保護措置を定めるに当たって，条文を番号法に新規に書き起こす形式のほか，一般法の読替えを定める形式をとっています。番号法はあくまで個人情報保護法令の特別法であるため，一般法の読替えで規定できるものについては読替えの形式をとり，番号法独自の新たな規制を行う場合や一般法の対象外の者に対し規制を行う場合については，番号法で条文を書き起こして規定しています。

一般法の読替えは，番号法29条・30条で規定されていますが，これらは行政機関個人情報保護法，独立行政法人等個人情報保護法，個人情報保護法の読替えです。地方公共団体では，各地方公共団体が制定する条例が一般法に当たるため，番号法で各条例に対する一律の読替規定を設けることができません。そこで，番

号法29条・30条にて，行政機関個人情報保護法，独立行政法人等個人情報保護法又は個人情報保護法の読替えとして規定されたものについては，地方公共団体において，その趣旨に沿った条例改正を行う必要があります（31条）。

なお，番号法にて書き起こしの形態にて規定されたものについては，条例に定めなくても，地方公共団体にも等しく及ぶこととなります。

(2) 法令の適用関係

特定個人情報を取り扱うに際して，地方公共団体にとっての一般法は個人情報保護条例です。したがって，地方公共団体が特定個人情報を取り扱う際は，個人情報保護条例及び番号法が適用されることとなります。詳細な適用関係は図18を参照してください。

図18／法令の適用関係

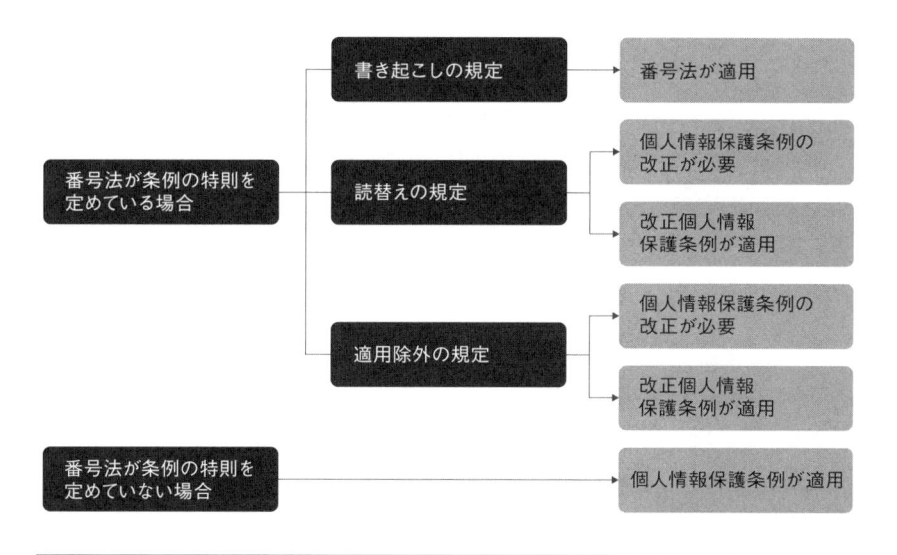

```
                    ┌─ 書き起こしの規定 ──→ 番号法が適用
                    │
番号法が条例の特則を ─┼─ 読替えの規定 ─┬──→ 個人情報保護条例の改正が必要
定めている場合       │                └──→ 改正個人情報保護条例が適用
                    │
                    └─ 適用除外の規定 ─┬──→ 個人情報保護条例の改正が必要
                                      └──→ 改正個人情報保護条例が適用

番号法が条例の特則を ───────────────────→ 個人情報保護条例が適用
定めていない場合
```

(3) 条例改正が必要な事項

条例改正が必要となる事項は，アクセス記録（→Q23）とそれ以外の特定個人情報とで相違があります。詳細は図19を参照ください[1]。

図19／条例改正が必要な事項

	アクセス記録以外の特定個人情報	アクセス記録
① 目的外利用	以下の場合にのみ可能とする ・人の生命，身体又は財産の保護のために必要がある場合であって，本人の同意があるか又は本人の同意を得ることが困難であるとき ・番号法9条4項に該当する場合	禁止とする
② 提供の制限	・提供できる場合を，番号法19条に規定された場合と同じくする ・オンライン結合についても同様であり，番号法19条で認められた特定個人情報の提供を可能とする	
③ 開示・訂正・利用停止請求	本人，法定代理人，任意代理人による開示請求，訂正請求，利用停止請求を認める	本人，法定代理人，任意代理人による開示請求，訂正請求を認める
④ 利用停止請求	以下の場合についても，利用停止請求を認める ・目的内利用／目的外利用規制に対する違反 ・収集規制・保管規制に対する違反 ・ファイル作成規制に対する違反 ・提供制限に対する違反	利用停止請求を認めない
⑤ 開示手数料の減免	経済的困難その他特別の理由があると認めるときは，開示手数料を減額又は免除できるようにする	
⑥ 他の法令による開示の実施との調整	他の法令による開示の実施との調整規定を設けている場合は，かかる規定を適用除外する	
⑦ 開示・訂正時の移送を行わないこと		開示・訂正決定に際し他の機関への移送を認めないようにする
⑧ 訂正の通知先		訂正については，総務大臣及び情報照会者又は情報提供者に対し通知するようにする

2. 番号制度の活用のための条例

　また番号法では，条例に規定を設けることで，番号法に法定された範囲よりも広く特定個人情報を活用できるような措置が講じられています。具体的には，以下の場合に条例を定めることで，番号制度をさらに活用することができます。

図20／番号制度の活用のための条例改正事項

① 個人番号の利用範囲の拡大	番号法別表第1に規定されていない事務についても，条例に定めることで個人番号を利用できる（9条2項）
② 同一機関内での特定個人情報のやりとり	条例に定めることで，同一機関内の複数の事務で特定個人情報をやりとりすることができる（9条2項，→Q30）
③ 同一地方公共団体内の特定個人情報のやりとり	条例に定めることで，同一地方公共団体の他の機関との間で特定個人情報を提供することができる（19条9号，→Q30）
④ 個人番号カードの空き領域の利用	条例に定めることで，個人番号カードの空き領域を利用できる（18条1号）

3. 条例改正の要否（まとめ）

　番号法31条に基づく，特定個人情報の適正な取扱いを確保するための改正，すなわち図19の改正は，必ず行う必要があります。番号制度の活用のための条例，すなわち図20の条例や，番号法に規定された以上の保護措置を講じる上乗せ条例については，任意で規定することが考えられます。

---

1) 番号法に基づく条例改正の詳細については，宇賀克也＝水町雅子＝梅田健史『完全対応 自治体職員のための番号法解説』（第一法規，2013年）第2編第4章参照。

Q. NUMBER 32

1．個人番号／(2) 特定個人情報保護規制 総論

報道機関・著述者・研究機関・宗教団体・政治団体への適用はどうなるのですか。

A. 番号法は，報道機関・著述者・研究機関・宗教団体・政治団体などへも適用されます。

1．個人情報保護法は適用されない

報道機関，著述を業として行う者，学術研究を目的とする機関・団体又はそれらに属する者，宗教団体，政治団体については，個人情報保護法の適用が除外されています。

行政機関が，報道の自由，学問の自由，信教の自由，政治活動の自由，言論の自由などを損なってはならないことは，憲法の趣旨からして当然のことですが，行政機関が個人情報保護法に基づく権限を行使するに当たって，これらの自由を損なう濫用的な行使を行うのではないかとの懸念が考えられます。そこで個人情報保護法では，行政機関による権限行使との関係で特に自律性が要請される分野について，自主的に必要な措置を講ずるよう努めることを明記した上で，個人情報保護法のうち民間事業者に対する規制に及ぶ部分については適用除外とする旨を定めています[1]。

2．番号法は適用される

一方，番号法では，これらの者についても，その他の者と同様，等しく番号法の規制が及ぶこととされています。その主な理由は以下の2点です。

・個人番号の危険性

個人番号は個人を正確に特定するものであり，個人番号を悪用すれば対象者のさまざまな個人情報を効率的に収集・集約できるおそれがあります。このような個人番号の危険性は，報道機関・著述者・研究機関・宗教団体・政治団体などにおいても同様であり，これらの者による個人番号の悪用を防止する必要があります。つまり，個人番号の適切な取扱いを確保するためには，報道機関・著述者・研究機関・宗教団体・政治団体などについても，番号法の規制対象とする必要があると考えられます。

・取材の自由などへ過度な規制を及ぼすものではない

　また特定個人情報は，その中に含まれる個人番号を黒塗りしたり切り離したりすれば，番号法の規制の及ぶ特定個人情報ではなく，一般法の対象である通常の個人情報となります。そのため，報道機関・著述者・研究機関・宗教団体・政治団体などを番号法の規制対象としても，取材の自由，学問の自由，信教の自由，政治活動の自由などへ過度な規制を及ぼすものとはいえないと考えられます。

3. 小規模事業者に対する一部適用除外

　なお，5000人以下の個人情報を取り扱う[2] 報道機関，著述を業として行う者，学術研究を目的とする機関・団体又はそれらに属する者，宗教団体，政治団体については，一般法との均衡から，目的外利用の禁止の厳格化（32条），安全管理措置（33条），従業者の監督（34条）については，義務付けられません（35条）。ただし，これら以外の番号法の規制には服するものであり，利用範囲の限定，ファイル作成規制，提供制限，提供の求めの規制，本人確認規制，収集・保管規制，個人番号に対する安全管理措置，再委託規制，委託先の監督規制，特定個人情報保護委員会による監視・監督，罰則に服することとなります。

---

1)　園部逸夫編『個人情報保護法の解説〔改訂版〕』（ぎょうせい，2005年）247頁〜248頁．
2)　厳密な定義については，個人情報保護法2条3項5号・個人情報保護法施行令2条を参照ください．

1. 個人番号／(3) 利用規制

Q. NUMBER 33

特定個人情報の利用規制はどのようなものですか。

A. 特定個人情報を利用するには，目的内利用／目的外利用規制（9条・29条～32条）・ファイル作成規制（28条）・一般法上の利用規制を遵守する必要があります。

1．利用に関連する規制

同一組織内で特定個人情報を入手したり利用したり授受したり管理する場合は，番号法上「収集」にも「提供」にも該当せず，「利用」に該当し（→Q29），利用規制・管理規制・本人からのアクセス・情報保護評価に留意する必要があります。Q33では，このうち利用規制について説明していきます。管理規制はQ42・Q43を，本人からのアクセスはQ44を，情報保護評価はQ46～Q49をご参照ください。

2．目的内利用／目的外利用規制（9条・29条～32条）

(1) 利用目的通りか否かがポイント

同一組織内であっても，特定個人情報を入手・利用・授受するなど，特定個人情報を取り扱うには，①目的内利用であるか，②許される目的外利用である必要があります。通常の個人情報同様，特定個人情報を保有するにあたっては利用目的を特定しなければなりません（行政機関個人情報保護法3条1項・独立行政法人等個人情報保護法3条1項・個人情報保護法15条1項）[1]。目的内利用か目的外利用かにあたっては，特定された利用目的通りか否かが問題となります。

(2) 目的内利用（利用範囲の限定）

目的内利用とは，特定された利用目的に従って特定個人情報を利用することをいいます。番号法では，個人番号を利用できる範囲を限定し，番号法上で利用目的の特定を行っています。

番号法上，個人番号は，原則として以下の範囲でのみ利用することができます。

① 社会保障・税・防災及びこれらに類する事務のうち，番号法別表第1に列挙された事務（個人番号利用事務，→Q25）に利用する場合（9条1項）
② 社会保障・税・防災及びこれらに類する事務のうち，番号法9条2項に基づく条例に規定された事務（個人番号利用事務，→Q25）に利用する場合（9条2項）
③ 法令又は条例の規定に基づく他人の個人番号を利用した事務（個人番号関係事務，→Q25）に利用する場合（9条3項）
④ 特定個人情報保護委員会による利用など，番号法19条11号から14号に基づき特定個人情報の提供を受けた目的を達成するために必要な限度で利用する場合（9条5項）

①の場合は，番号法別表第1及び主務省令に規定された事務が利用目的となります（もっとも，別表第1に基づく主務省令の規定ぶりによっては，主務省令よりも詳細に利用目的を特定することも考えられます。）。②の場合は，条例で，番号法別表第1・主務省令にならって事務を特定し，利用目的を特定する必要があります（→Q30の解説**2**）。③④の場合も，法令又は条例に規定された事務などが特定個人情報の利用目的となります。

なお，①から④以外の場合であっても，個人番号の指定・通知に伴う利用や，個人番号を含む本人確認情報の利用など，個人番号を利用することが認められる場合があります。

また，相当関連性を有する合理的な範囲での利用目的の変更は認められているので，一度特定した利用目的であっても一定の限度で変更することは可能です（行政機関個人情報保護法3条3項・独立行政法人等個人情報保護法3条3項・個人情報保護法15条2項）[1]。

(3) 目的外利用

目的外利用とは，特定された利用目的とは異なる目的に特定個人情報を利用することをいいます。

情報は利用目的に従って取り扱われるのが原則であり，番号法では目的外利用の厳格な禁止を徹底しています。具体的には，以下の場合以外に，目的外利用を行うことは認められていません。

⑤ 人の生命・身体・財産の保護のために必要がある場合であって，本人の同意があるか本人の同意を得ることが困難なとき

⑥ 金融機関が激甚災害時等に金銭の支払を行うなど番号法9条4項の要件を満たすとき

なお，アクセス記録（→Q23）についてはさらに規制が厳格となり，上記⑤⑥の場合であっても目的外利用が認められません。

3．ファイル作成規制（28条）

特定個人情報ファイル（→Q24）を作成するには，個人番号利用事務等（→Q25）を処理するために必要な範囲でなければなりません（28条）。ただし，これ以外にも，特定個人情報保護委員会が調査を行う場合や，人の生命・身体・財産の保護のために必要がある場合で一定の要件を満たす場合などは，特定個人情報ファイルを作成する必要性があることから，ファイルの作成が認められます（同条）。

ファイル作成規制を遵守するに際しては，ITシステム上に個人番号を格納する際のアクセス制御が特に重要であり，個人番号と紐付けてアクセスすることができる情報の範囲を，個人番号利用事務や個人番号関係事務に必要な範囲に，できる限り限定することが求められます。

4．一般法上の利用規制

番号法は個人情報保護法，行政機関個人情報保護法，独立行政法人等個人情報保護法，個人情報保護条例の特別法であり，番号法が一般法の特則を定めていな

い場合は一般法の規定が適用されます（→Q27）。したがって特定個人情報を利用するには，上記の番号法に基づく規制以外にも，一般法上の利用規制に服する必要があることが考えられます。

　一般法上の利用規制としては，たとえば，利用目的の明示（行政機関個人情報保護法4条・11条，独立行政法人等個人情報保護法4条・11条，個人情報保護法18条・24条など）などが求められます。このほか，地方公共団体においては，個人情報保護条例で，利用に関する規制が設けられている場合が考えられ，その場合には，番号法が一般法の特則を定めていない限り，一般法の規定を遵守することが必要です。

1）　地方公共団体については，個人情報保護条例の規定によります。

1. 個人番号／(3) 利用規制

Q. NUMBER 34

民間事業者が，個人番号を顧客番号／社員番号として利用してもよいですか。

A. 個人番号を顧客番号や社員番号などに利用することは，認められません。ただし，個人番号利用事務等に必要な範囲で，個人番号と顧客番号／社員番号を紐付けることは認められます。

1．民間事業者における個人番号の取扱い

民間事業者においては，顧客や従業員などの個人番号を取り扱うこととなります。顧客の個人番号については，保険金や配当を支払う場合などに取り扱い，従業員の個人番号については，従業員に関する給与所得の源泉徴収票を税務署に提出したり，社会保障関係の手続を行うなどのために，取り扱うことになります。

2．法定調書や社会保障手続などのためにのみ利用可

しかし，番号法上，個人番号は利用範囲が限定されている上，目的外利用が厳しく制限されています。番号法上，顧客の個人番号を取得・利用することが認められるのは，税法に基づき法定調書を提出するためであり，顧客情報を社内で管理するためではありません。従業員の個人番号についても，税法に基づき法定調書を作成・提出するため，又は各種法令に基づき社会保障手続を行うためであり，広く社員情報を管理するために，取扱いが認められているものではありません。

つまり，民間事業者における個人番号の利用範囲は，上記の通り，法定調書を作成・提出するために必要な範囲，又は社会保障手続を行うなどのために必要な範囲であるということです。番号法上，目的外利用ができる場合は，①人の生

命・身体・財産の保護のために必要がある場合であって、本人の同意があるか本人の同意を得ることが困難なとき、又は②金融機関が激甚災害時等に金銭の支払を行うなど番号法9条4項の要件を満たすときのみです。したがって、①②の場合以外は、法定調書を作成・提出するために必要な範囲、又は社会保障手続を行うなどのために必要な範囲を超えて、個人番号を利用することはできず、個人番号を顧客番号や社員番号として利用することはできません。

3．必要な範囲で紐付可能

　では、個人番号を顧客番号や社員番号と紐付けて管理することはできるでしょうか。ITシステムを用いて法定調書事務や社会保障手続を行っている場合、ITシステム上では元々顧客番号や社員番号をキーとしていることが考えられます。番号制度に対応するためには、個人番号をITシステム上に格納することが必要となってきますが、個人番号と、元々のキーである顧客番号や社員番号を紐付けられるかが問題となります。

　個人番号は目的の範囲内で利用することができますので、紐付けについても同様です。つまり、法定調書を作成・提出するために必要な範囲、又は社会保障手続を行うためなどに必要な範囲であれば、個人番号を顧客番号や社員番号と紐付けて管理することが可能です。番号法では、目的内利用／目的外利用規制（9条，29条〜32条）、ファイル作成規制（28条）、安全管理措置（12条）などが課せられているため、必要な範囲外についてはアクセスできないよう、アクセス制御を行うことが望ましいといえます。

4．広義の個人番号には当たらない

　なお、個人番号と紐付けて管理された顧客番号や社員番号は、番号法上、原則として、広義の「個人番号」には該当しません（→Q21）。しかし、顧客番号や社員番号が個人番号と紐付けられて管理されている場合には、狭義・広義の個人番号と紐付けて管理されている情報は、個人番号をその内容に含んでいると解されるため、「特定個人情報」に該当し、番号法上の各種規制が及びます。

1．個人番号／(4) 提供規制

Q. NUMBER 35

特定個人情報の提供規制はどのようなものですか。

A. 特定個人情報を収集・提供するには，提供制限（19条）・提供の求め規制（15条）・収集規制（20条）・本人確認規制（16条）・アクセス記録の記録・保存規制（23条）・一般法上の提供規制を遵守する必要があります。

同一組織内ではなく，他の組織との間で特定個人情報を授受する場合は，番号法上「収集」「提供」に該当し（→Q29），授受の際には以下の提供規制に留意する必要があります。

1．提供制限

特定個人情報の提供を自由に認めると，特定個人情報が転々流通し，個人番号をもとにさまざまな特定個人情報が違法に突合・集約されてしまうおそれも考えられます。そこで番号法では，必要性のない特定個人情報の提供を防止するため，19条各号に該当する場合でなければ，同一の組織の外に特定個人情報を移転できないものとされています。

2．提供の求め規制・収集規制

提供制限と同様の趣旨から，番号法では特定個人情報の提供を求めることができる場合を限定し，必要性のない特定個人情報の授受を防止しています（15条）。番号法19条各号に該当する場合か，子どもや配偶者などの同一世帯に属する者

に対する場合以外は，個人番号の提供を求めることはできません。

　同様に，番号法では特定個人情報を収集できる場合を限定し，19条各号に該当する場合か，子どもや配偶者などの同一世帯に属する者に対する場合以外は，特定個人情報を収集することはできません（20条）。

3．本人確認規制

　本人確認規制についてはQ39をご参照ください。

4．アクセス記録の記録・保存

　番号法上，特定個人情報の提供・提供の求め・収集が認められる最も原則的な場合が，情報提供ネットワークシステムを介した情報連携です（19条7号）。情報提供ネットワークシステムを使用して特定個人情報の収集・提供を行う場合は，その都度全てのやりとりをアクセス記録として記録・保存する必要があります（23条1項・2項，→Q23）。

5．一般法上の提供規制

　番号法は個人情報保護法，行政機関個人情報保護法，独立行政法人等個人情報保護法，個人情報保護条例の特別法であり，番号法が一般法の特則を定めていない場合は一般法が適用される（→Q27）ため，特定個人情報を収集・提供するには，以上の規制以外にも，一般法上の提供規制に服する必要があります。

　一般法上の提供規制としては，たとえば，適正取得（独立行政法人等個人情報保護法5条，個人情報保護法17条）などが求められます。このほか，地方公共団体においては，個人情報保護条例で，提供規制が設けられている場合が考えられ，その場合には，番号法が一般法の特則を定めていない限り，一般法の規定も遵守することが必要です。ただし，オンライン結合の禁止などの規制は，番号法で一般法の特則が定められていますので，番号法の規定が適用され，番号法上提供が認められている範囲については，条例の規定にかかわらず，オンライン結合も認められることになります。

1. 個人番号／(4) 提供規制

Q. NUMBER 36

自分の個人番号を公開したり他人に教えたり，会員 ID として利用してもよいですか。

A. 自分の個人番号を Web 上などに公開したり，必要がないのに他人に教えることはできません。会員 ID として用いることも避けた方がよいでしょう。なお，他人に不必要に個人番号の提示・公開を求める行為は，番号法違反に当たります。

1. 自分の個人番号を提供・公開すること

(1) 不必要に公開・提供しない

　特定個人情報が不必要に転々流通して不正な取扱いがなされないように，番号法では特定個人情報を提供できる場合を限定しています（19条）。これは他人の特定個人情報を提供する場合だけでなく，自分の特定個人情報を提供する場合も同様です。

　つまり，個人番号は，自分の個人番号でも他人の個人番号でも，ネット上にアップしたり，必要がないのに他人に教えたりすることは認められません（19条）。また Web サイトの会員 ID として個人番号を用いることも，避けた方がよいでしょう。

　自分の個人番号であっても不用意に他人に知らせてしまうと，不正な取扱いがなされるおそれがあり，また自分になりすまされる危険性があります（→Q15）。

(2) 限定された場面で個人番号を利用・提供する

　個人番号は年金，健康保険，雇用保険，児童手当などの各種社会保障手続の場面か，給料・報酬・配当など法定調書の対象となる金銭支払を受ける場面又は災

害対策の場面で提出するに止め，その他の場合には自分の個人番号を利用・提供しないことが望ましいといえます。個人や民間事業者が個人番号を利用・提供する必要がある主な場合は，Q37をご参照ください。

(3) 罰則は課されない

なお，自分の個人番号をネット上にアップしたり他人に不必要に教えたり会員IDとして用いても，罰則が課されるものではありません。

2．他人に個人番号の提供・公開を求めること

次に，個人や民間事業者が他人に個人番号の提供・公開を求める場合について考えます。

番号法では特定個人情報の提供を求めることができる場合や特定個人情報を収集できる場合を限定しています（15条・20条）。個人や民間事業者が他人の個人番号を取り扱うことができるのは，社会保障手続や法定調書作成などの限定された場合に限られ，広く一般的に個人番号を取り扱うことは認められません。

(1) 不用意に提供・公開を求めない

具体的な事例について検討すると，会員IDとして他人に個人番号を入力させるよう誘導することは，番号法違反に当たります。

また会員IDとしてだけではなく，個人番号の入力・提供・公開を他人に求めること自体，社会保障手続や法定調書作成など，番号法上個人番号を取り扱うことが認められた場合以外には認められません。

(2) 提供を求めることが必要な際も慎重に

社会保障手続や法定調書作成など，番号法で認められた場合には（→Q37），個人番号の提供を求めることができます。しかしその場合であっても，適当な収集方法が求められます。

たとえば，目隠しシールなどを貼らずに，個人番号を葉書に記載して返送するよう求めることは望ましくありません。またWeb経由で個人番号を収集する場合には，個人番号の漏えいなどが起こらないよう安全管理措置義務（12条）を果たす必要がある点などに十分な留意が必要です。

1. 個人番号／(4) 提供規制

Q. NUMBER 37

個人番号を利用したり提供してよいのはどのような場合ですか。

A. 個人番号の取扱いは、主として、①年金、健康保険、雇用保険、児童手当などの各種社会保障事務・手続の場面、②給料・報酬・配当など法定調書の対象となる金銭支払を受ける場面や税務申告などに関連する場面、③防災事務・手続の場面で認められます。

　個人番号は原則として、①社会保障、②税、③防災事務及びこれらに類する事務でのみ、用いることができます（→Q5）。したがって、個人番号を利用したり提供したりすることができる場合も、原則として①年金、健康保険などの社会保障分野、②法定調書提出や税務申告などの税務分野、③災害対策分野に限られます。

　そして、これらの個人番号を取り扱うことのできる場合は、個人番号利用事務と個人番号関係事務の2種類に分けられます（→Q25）。個人番号利用事務は個人番号を主体的に利用する事務であり、例えば健康保険事務で保険料の算定・徴収管理・給付管理などを行う場合をいいます。これに対し個人番号関係事務は、個人番号利用事務に対する手続などを指し、例えば民間事業者が健康保険組合に従業員の個人番号を届け出るための準備・管理などをいいます。行政機関や地方公共団体においては、主に個人番号利用事務において個人番号が取り扱われ、民間事業者や一般個人については、主に個人番号関係事務にて個人番号が取り扱われることになります。

　以下、一般個人、民間事業者、行政機関・地方公共団体などに分けて、個人番

号を利用したり提供することができる主な場合を見ていきます。

1．一般個人が自分の個人番号を取り扱う場合

一般個人が自分の個人番号を取り扱う場合は，以下の場合に大別されます。

(a) 健康保険，介護保険，雇用保険，年金，児童手当などの社会保障手続で，勤務先や市区町村などに自分の個人番号を記載した申請書などを提出する場合（①社会保障分野）

(b) 給与・退職手当・報酬・配当など法定調書の対象となる支払を受ける際や年末調整などのために，勤務先や取引先，株式発行会社などに個人番号を提示する場合（②税務分野）

(c) 確定申告などの税務手続を行うために，税務署などに自分の個人番号を記載した申告書などを提出する場合（②税務分野）

番号法上，(a)から(c)は個人番号関係事務にも個人番号利用事務にも該当しません。個人番号利用事務等（→Q25の解説**4**）とは他人の個人番号を利用した事務をいうためです。

2．一般個人が他人の個人番号を取り扱う場合

一般個人が他人の個人番号を取り扱う場合は，以下の場合に大別されます。

(a) 健康保険，介護保険，雇用保険，年金，児童手当などの社会保障手続で，勤務先や市区町村などに自分の扶養家族などの個人番号を記載した申請書などを提出する場合（①社会保障分野）

(b) 年末調整などのために，勤務先などに自分の扶養家族などの個人番号を提示する場合（②税務分野）

(c) 確定申告などの税務手続を行うために，税務署などに自分の扶養家族などの個人番号を記載した申告書などを提出する場合（②税務分野）

(d) (a)から(c)について，子どもや配偶者などの申請・申告などを代理して行う場合

番号法上，(a)から(c)は個人番号関係事務に該当します。一般個人であっても，

法令に基づき他人の個人番号を利用した事務を行う場合は，個人番号関係事務に該当するためです．(d)は本人を代理しているため，原則として個人番号関係事務にも個人番号利用事務にも該当しません．

　(a)～(c)と(d)の違いは，申請・申告義務者が自分自身であるか代理される側（被代理人）であるかの点です．たとえば確定申告は本人が申告するものであり，扶養家族の個人番号を確定申告書に記載することも，扶養者である本人が申告することであるので，(c)に該当します．一方で，確定申告は本人が申告するものですが，法律上，本人を代理することができるので，扶養控除などに限らず，本人に代わって本人分の確定申告を行う場合は，(d)の代理に該当します．

3．民間事業者が個人番号を取り扱うことができる場合

　民間事業者が個人番号を取り扱う場合は，以下の場合に大別されます．

(a) 健康保険，介護保険，雇用保険，年金，児童手当などの社会保障手続で，従業員やその扶養家族などの個人番号を取り扱い，健康保険組合，日本年金機構などに提出する場合（①社会保障分野）

(b) 企業年金・健康保険組合が，年金の支給管理，保険料の算定・徴収管理などに個人番号を取り扱う場合（①社会保障分野）

(c) 「給与所得の源泉徴収票」，「退職所得の源泉徴収票」，「報酬，料金，契約金及び賞金の支払調書」，「配当，剰余金の分配及び基金利息の支払調書」などの法定調書を作成し税務署へ提出するために，個人番号を取り扱う場合（②税務分野）

(d) 行政機関や地方公共団体，民間事業者などから，個人番号利用事務等（→Q25）の委託を受ける場合

　番号法上，(a)(c)は個人番号関係事務に該当し，(b)は個人番号利用事務に該当します．(d)は委託内容が個人番号利用事務であれば個人番号利用事務に該当し，個人番号関係事務であれば個人番号関係事務に該当します．

4. 行政機関・地方公共団体などが個人番号を取り扱うことができる場合

　行政機関・地方公共団体などが他人の個人番号を取り扱う場合は，以下の場合に大別されます。

(a) 健康保険，介護保険，雇用保険，年金，児童手当などの社会保障手続で，保険料徴収や給付管理などの各種事務を処理する場合（①社会保障分野）

(b) 国税，地方税事務で賦課・徴収などの各種事務を処理する場合（②税務分野）

(c) 防災事務で各種事務を処理する場合（③災害対策分野）

(d) 健康保険，介護保険，雇用保険，年金，児童手当などの社会保障手続で，職員やその扶養家族などの個人番号を取り扱い，共済組合，日本年金機構などに提出する場合（①社会保障分野）

(e) 「給与所得の源泉徴収票」，「退職所得の源泉徴収票」，「報酬，料金，契約金及び賞金の支払調書」などの法定調書を作成し税務署へ提出するために，個人番号を取り扱う場合（②税務分野）

　番号法上，(a)～(c)は個人番号利用事務に該当します。(d)(e)は民間事業者と同様に，人を雇用している使用者としての立場などで個人番号を利用するものであって，行政機関や地方公共団体が行う場合であっても，個人番号関係事務に該当します。

＊　民間事業者，一般個人，行政機関，地方公共団体における個人番号の利用・提供などの具体的場面とその際の留意点の詳細については，水町雅子『やさしい番号法入門』（商事法務，2014年）を参照ください。

Q. NUMBER 38

本人の同意があれば，他人の個人番号を収集してもよいですか。

A.

本人の同意があっても，個人番号の収集が認められるものではありません。同居の配偶者，子どもなど同一世帯の人の個人番号以外は，番号法に列挙された場合以外，収集できません。

1．個人番号の収集が認められる場合

番号法上，個人番号の収集が認められる場合は，①同居の配偶者，子どもなどの同一世帯の人の個人番号を収集する場合と，②19条各号に該当する場合に限られ（20条），本人の同意があるかどうかは関係ありません。したがって本人の同意があっても，①②以外の場合には個人番号を収集することはできません。

2．番号法19条各号に該当する場合

(1) 個人番号利用事務等に必要な範囲（同条1号〜3号）

①健康保険組合が健康保険被保険者証（健康保険証）を本人の勤務先に交付する場合などの個人番号利用事務の処理に必要な範囲（同条1号），②民間事業者などが健康保険に関する情報を健康保険組合に提供する場合などの個人番号関係事務の処理に必要な範囲（同条2号），③本人・代理人が確定申告書を税務署に提出する場合などの本人・代理人による個人番号利用事務等実施者への提供（同条3号）をいいます。

(2) 機構保存本人確認情報の提供（同条4号）

個人番号の真正性確認などのために，地方公共団体情報システム機構が日本年

金機構や税務署などに対し機構保存本人確認情報を提供する場合をいいます。

(3)　委託・事業承継（同条 5 号）

　法定調書作成・提出事務を外部委託している場合に，委託先に必要な特定個人情報を提供する場合などをいいます。

(4)　住民基本台帳法の一定の規定に基づく提供（同条 6 号）

　住民基本台帳法の規定に基づき，都道府県知事等が個人番号を含む本人確認情報を提供する場合などをいいます。

(5)　情報提供ネットワークシステムを使用した情報連携（同条 7 号）

　情報連携は，番号法上特定個人情報の提供が認められる最も重要な場合です。例えば，公営住宅の家賃決定のために市区町村が他の市区町村に所得額情報を提供する場合など，番号法別表第 2 に規定されている場合がこれに該当します。

(6)　国税・地方税連携（同条 8 号）

　地方税法の一定の規定に基づき，所得税の確定申告データを地方公共団体に提供する行為などが例として挙げられます。

(7)　社債，株式等の振替に関する法律・命令による提供（同条 10 号）

　証券会社から株式会社証券保管振替機構への個人番号の提供などをいいます。

(8)　公益上の必要があるとき（同条 12 号）

　番号法違反事件の捜査のために証拠書類を警察に提供する場合などです。

(9)　その他

　①職員の異動に伴い必要な特定個人情報を提供する場合などに，同一地方公共団体内で条例に基づき行われる提供（同条 9 号，→Q30 の解説 **1**(2)），②個人番号を含む資料の提出を求められ特定個人情報保護委員会に対し提出する場合など（同条 11 号），③人の生命・身体・財産の保護のために必要があり，本人の同意があるか本人の同意を得ることが困難なとき（同条 13 号），④特定個人情報保護委員会規則で定められた場合（同条 14 号）も，番号法 19 条各号に該当します。

1. 個人番号／(4) 提供規制

Q. NUMBER 39

本人確認規制はどのようなものですか。

A. 番号法では，なりすまし防止のために，本人確認の際に個人番号のみでなく，個人番号カード（17条）などを用いることを個人番号利用事務等実施者に対し，義務付けています（16条）。

1. なりすましの危険性

　アメリカでは，社会保障番号などによるなりすまし被害も報道されているところです。番号制度を導入しても，他人が別人の個人番号を不正に利用してなりすましを行えば，なりすまされた方に対し多大な被害を与えるおそれがありますし，そのような事態が生じてしまっては，対象者を正確に特定するという番号制度の目的も達成できません。番号制度は社会保障・税分野で用いられることから，他人になりすまして，不正に社会保障給付を受給したり，税の還付を受ける者が出現することも考えられます。番号制度を導入することで，かえってなりすましを誘発してしまうことは，断固防止しなければなりません。

2. 個人番号単体での本人確認の禁止

　そこで番号法では，個人番号単体での本人確認を禁止しています（16条）。つまり，個人番号が何番かを確認しただけで，その個人番号の本人であると考えることはできないということです。

　番号制度導入以前から，行政機関や金融機関などで各種手続を行う際には本人確認が行われています。その方がその方自身であることを確認するために，運転

免許証や住民票の写しなどの本人確認書類を用いて，本人確認が行われるのが一般的です。番号制度導入後も引き続き従前通りの本人確認を行うこととなります。つまり，下記 3 の本人確認書類をもとに，その方がその方自身であることを確認することが求められます。

3．本人確認・個人番号の真正性確認の方法

本人確認の方法としては，①個人番号カード（17 条，→Q7）の提示を受けるか，②通知カード（7 条 1 項・2 項，→Q7）及び主務省令で定める書類の提示を受けるか，又は③政令で定める措置（個人番号が記載された住民票の写しの提示を受ける措置などが検討されています。）をとるものとされています（16 条）。

なお番号制度導入後は，番号制度導入前と異なり，その方がその方自身であるかに加え，提示された個人番号がその方のものであるか確認することも求められますが，上記の本人確認方法をとればこれもあわせて確認することができます。

4．本人確認規制が課せられる場合

本人確認規制が課せられるのは，個人番号利用事務等実施者が，本人から個人番号の提供を受けるときであり，個人番号の提供を受ける人が個人番号利用事務等実施者でない場合や，個人番号の提供元が個人番号関係事務実施者や地方公共団体情報システム機構などの本人以外の場合は，本人確認規制は課せられません。ただし，代理人から個人番号の提供を受ける場合は，本人確認・代理人確認を行う必要があると考えられます。

5．身分証明書として用いることができる

なお上記では，番号法上の本人確認措置について説明しました。つまり，番号法で認められた個人番号利用事務等で本人から個人番号の告知・記載などを受ける場合の本人確認規制です。これとは異なり，番号法の事務や手続とは関係なく，運転免許証やパスポートのように，個人番号カードを身分証明書として利用することもできます。詳細は，Q40 をご参照ください。

1．個人番号／(4) 提供規制

Q. NUMBER 40

身分証明書として個人番号カードの提示を求めてもよいでしょうか。

A.
　個人番号と関係のない場面でも，身分証明書として，個人番号カードを用いることができますし，個人番号カードの提示を求めることができます。ただし，提示された個人番号カードのうち，個人番号部分を書き写したりコピーを取ることはできません。

1．身分証明書として用いることができる

　通知カード（→Q7）とは異なり，個人番号カードは，運転免許証のように，身分証明書として用いることができます。したがって個人番号と関係ない場面で，たとえばパスポートの取得の際などに，個人番号カードを身分証明書として用いることができます。個人番号利用事務等実施者（→Q25）以外であっても，身分証明書として個人番号カードの提示を求めることが可能です。

2．個人番号の利用にも，特定個人情報の提供にも該当しない

　番号法上法定された場合でなくても，なぜ身分証明書として個人番号カードを利用することができるのかというと，番号法上，個人番号を用いて本人確認を行うことは禁止されており，身分証明書として個人番号カードを用いるときは，個人番号カードを利用しているのではなく，個人番号カードに記載された氏名・住所・性別・生年月日や顔写真などが利用されていると解されるためです。

　また番号法上，特定個人情報を提供できる場合が限定されていますが，身分証明書としての提示は，特定個人情報の提供には当たらないと解されます。

なお，もちろんのことですが，身分証明書としての提示要求であるかのように装って，個人番号カードの提示を求めることは，番号法違反の行為となります。

3．個人番号の収集・保管はできない

ただし，注意しなければならないことは，個人番号カードのうち個人番号部分は，書き写したりコピーを取ってはいけないということです。現状，さまざまな場所で行われている本人確認事務では，身分証明書をもとに本人確認を行った後に，身分証明書の番号を控えたりコピーを取る例も散見されます。しかし，身分証明書として個人番号カードを用いた場合は，個人番号カードのうち個人番号部分のコピーを取ることはできません。

番号法上，特定個人情報を収集・保管できる場合は限定されており，個人番号部分を書き写したりコピーを取ることは，特定個人情報の収集・保管に該当するためです。

4．個人番号カードをコピーする際の注意点

個人番号カードのレイアウトはまだ検討段階ですが，個人番号を裏面に記載するなど，個人番号が不正に収集・保管されないようなレイアウトとなる予定です。

したがって，本人確認を行う側においては，個人番号カードをそもそもコピーしないという対応が考えられますが，個人番号カードをコピーする必要がある場合は，裏面をコピーしなかったり，個人番号部分をマスキングするなどの対応が必要となります。

5．個人番号利用事務等の場合は別

個人番号カードのうち個人番号部分をコピーしてはならないということは，個人番号利用事務等においては該当しません。個人番号利用事務等を処理するに当たって必要な限度であれば，個人番号を収集・保管することは可能であり，したがって個人番号利用事務等実施者が個人番号利用事務等を処理するために必要な限度であれば，個人番号カード全体をコピーすることもできます。

1. 個人番号／(4) 提供規制

Q. NUMBER 41
個人番号が漏えいしないか不安なので，勤務先や市区町村などに個人番号を提供したくありませんが，どうしたらいいですか。

A. 個人番号を記載した書面を提出することは，一般に，税法その他の法律に基づく義務ですので，法律上必要な場合には個人番号の提供が求められます。個人番号の漏えい等不正な取扱いを防止するため，番号法ではさまざまな措置を講じています。個人番号の取扱いについて不安があれば，情報保護評価書やアクセス記録の確認など，下記方法などをとることができます。

1. 法律上必要な場合には個人番号を提供する

個人番号を記載した書面を提出することは，一般に，税法その他の法律に基づく義務です。個人番号は正確な情報の管理・検索・連携のために導入され，番号制度によって行政運営の効率化，給付と負担の適切な関係の維持，国民利便性の向上が図られるものです。法律上必要な場合には個人番号の提供が求められます。

個人番号が漏えいなどしないか不安だから，勤務先や市区町村などに個人番号を提供しない，申請書などに個人番号を記載しないのではなく，個人番号の取扱いに不安を覚えたら，下記方法などにより解決を図ることが求められます。

2. 特定個人情報の取扱いに不安を覚えたら

個人番号が漏えいしたり，その他不正に取り扱われないよう，番号法ではさまざまな保護措置を講じています（→Q28）。違法行為などに対しては，特定個人情報保護委員会による助言・指導・勧告・命令・立入検査・報告徴収が行われ

(50条～52条)，不正行為に対する罰則も強化されています。このように番号法では個人番号に対して厳格な規制を行っていますが，個人番号が不正に取り扱われているのではないかと不安を覚えた場合には，以下を行うことも考えられます。

(1) 情報保護評価書の確認

　情報保護評価書（→Q46・Q48）には，どなたの情報を誰が何のために保有しているか記載されています。またプライバシー権侵害を防止するため，行政機関などが具体的にどのような対策を講じているか確認することもできます。情報保護評価書のうち全項目評価書については，評価書が確定する前に国民の意見を求めることとされているため，その際に意見を述べることも可能です。なお，情報保護評価書は特定個人情報保護委員会Webサイトなどで公開される予定です。

(2) アクセス記録の確認

　情報提供ネットワークシステムを介した情報連携は，全てアクセス記録が記録・保存されています。アクセス記録について開示を請求することで，自分の特定個人情報が，いつ誰と誰の間で何のためにやりとりされたかを確認することができます。総務大臣が保有するアクセス記録は，マイ・ポータル上で確認できることが予定されており，これを見れば，情報提供ネットワークシステムを介してやりとりされた記録を確認することができます（→Q23，Q45）。

(3) 特定個人情報の開示・訂正・利用停止請求

　アクセス記録同様，その他の特定個人情報も開示請求が可能であり，自己の特定個人情報を確認し，一定の場合には訂正・利用停止を請求することができます。

(4) 特定個人情報保護委員会への相談

　番号制度における国民のプライバシー権保護機関である特定個人情報保護委員会は苦情のあっせんを行うほか，上記の通り，番号法違反の行為などに対して助言・指導などの権限行使をすることができ，事態の是正を図ります。

(5) 個人番号の変更

　個人番号が漏えいして不正に用いられるおそれがあると認められるときは，個人番号の変更が可能です（7条2項，→Q6）。このような場合には，市区町村長に対し，個人番号の変更を請求することができます。

1. 個人番号／(5) 管理規制

Q. NUMBER 42

特定個人情報の管理規制はどのようなものですか。

A. 特定個人情報を管理するには，保管規制（20条）・委託規制（10条・11条）・安全管理措置（12条）・一般法上の管理規制を遵守する必要があります。

1．保管規制

特定個人情報の収集・提供を自由に認めると，特定個人情報が不必要に転々流通していき，個人番号をもとに，さまざまな特定個人情報が違法に突合・集約されてしまうことも考えられます。そこで番号法では，特定個人情報を収集・提供できる場合を限定するとともに（20条・19条），特定個人情報を保管することができる場合も限定しています（20条）。

特定個人情報を保管できるのは，番号法19条各号に該当する場合か，子どもや配偶者などの同一世帯に属する者の特定個人情報を保管する場合のみです。

2．委託規制

委託に関する規制については，Q43をご参照ください。

3．安全管理措置

個人番号が漏えい，滅失，毀損したりするなどの事態を防止するため，個人番号を適切に管理するために必要な措置を講じることが，番号法上義務付けられています（12条）。

一般法（個人情報保護法・行政機関個人情報保護法・独立行政法人等個人情報保護法）上の安全管理措置と概ね同様の義務ですが，差異が3点あります。
　1点目は，死者についてです。番号法上は一般法とは異なり，死者の個人番号についても安全管理措置義務が及びます（Q26）。2点目は，ガイドラインについてです。一般法では行政機関・独立行政法人等については総務省行政管理局が，民間事業者については事業分野を所管する監督官庁が安全管理措置義務の具体的内容などを定めたガイドラインを策定していますが，番号法上の安全管理措置などに関するガイドラインは，特定個人情報保護委員会が策定します。3点目は，義務付け対象者です。一般法と異なり，番号法上の安全管理措置義務は，個人情報保護法上，個人情報取扱事業者に該当しない民間事業者にも適用されます。

4. 一般法上の管理規制

　番号法は個人情報保護法，行政機関個人情報保護法，独立行政法人等個人情報保護法，個人情報保護条例の特別法であり，番号法が一般法の特則を定めていない場合は一般法の規定が適用されます（→Q27）。したがって特定個人情報を管理するには，上記の番号法に基づく規制以外にも，一般法上の管理規制に服する必要があります。
　一般法上の管理規制としては，たとえば正確性確保の努力義務（行政機関個人情報保護法5条，独立行政法人等個人情報保護法6条，個人情報保護法19条）などが挙げられます。この他，地方公共団体においては，個人情報保護条例で，管理に関する規制が設けられている場合が考えられ，その場合には，番号法が一般法の特則を定めていない限り，一般法の規定にも遵守することが必要です。

Q. NUMBER 43

委託に当たり留意すべき点は何ですか。

A.

番号法上,再委託,再々委託,再々々委託など,再委託以降の委託を行う場合は,最初の委託元の許諾が必要です。また委託先(再委託先以降も同様)が,個人情報保護法上の個人情報取扱事業者か否かを問わず,番号法上,個人番号利用事務等実施者としての規制に服します。

1. 一般法における委託規制

一般法では再委託や再々委託などの実施の可否については,特段規制が設けられていません。また(再委託以降を含む)委託全般に対する規制として,委託先に対する安全管理措置義務(行政機関個人情報保護法6条2項・独立行政法人等個人情報保護法7条2項・個人情報保護法20条)や,委託元に対する委託先への監督義務(個人情報保護法22条)が規定されていますが,このうち民間事業者に適用される個人情報保護法では,委託先が同法上の個人情報取扱事業者に該当する場合でなければ,委託先に対する安全管理措置義務は直接課されないものと考えられています[1]。

2. 番号法における委託規制

(1) 番号法における再委託の許諾

これまでの個人情報漏えい等事案においては,再委託先などからの漏えい等も散見されています。そこで番号法では,一般法とは異なり,再委託以降の委託に

図 21／再委託規制

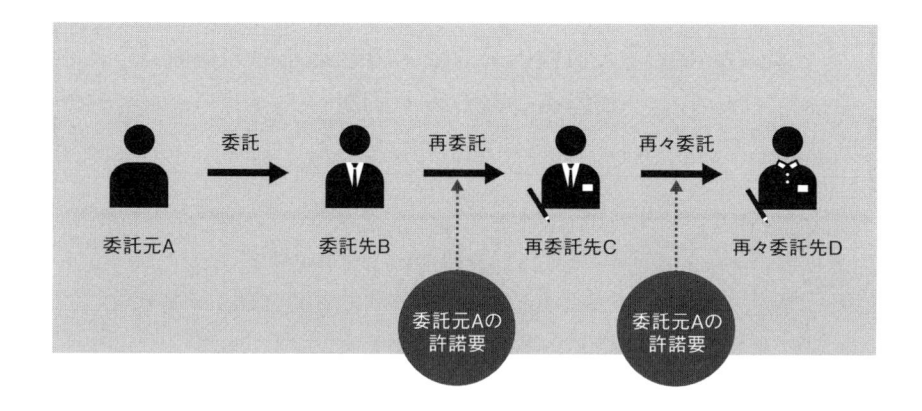

委託元A　→委託→　委託先B　→再委託→　再委託先C　→再々委託→　再々委託先D

（再委託・再々委託には）委託元Aの許諾要

ついて規制が設けられました。再委託を行うには委託元の許諾が必要であり，再々委託以降についても最初の委託元の許諾が必要になります（→図21）。

(2) 番号法における委託先・再委託先などの法的地位

　番号法上，個人番号利用事務等の委託を受けた者は，委託元と同様に，「個人番号利用事務等実施者」に該当します（2条12項・13項，→Q25）。したがって，委託元と同様，委託先には，安全管理措置義務をはじめとする，個人番号利用事務等実施者に対する各種規制が直接適用されます。このため，個人情報保護法上の個人情報取扱事業者に該当しない者であっても，番号法上の規制に服することとなります。なお，再委託以降の委託先についても，最初の委託先と同様「個人番号利用事務等実施者」に該当し，番号法の規制に服することとなります。

　また委託元には，委託先を監督する義務が課されます（11条）。

Q43

---

1) 園部逸夫編『個人情報保護法の解説〔改訂版〕』（ぎょうせい，2005年）141頁〜142頁。

Q. NUMBER 44

本人が特定個人情報へアクセスできるための措置はどのようなものですか。

A.

開示・訂正・利用停止請求規制（29条〜31条）のほか，一般法上のアクセスのための措置を遵守する必要があります。

本人が特定個人情報にアクセスできるよう，特定個人情報を取り扱う行政機関，独立行政法人等，地方公共団体，民間事業者[1]は，開示・訂正・利用停止請求規制（29条〜31条）を遵守する必要があります。その他，一般法上のアクセスのための措置を遵守する必要があり，たとえば不服申立ての際の諮問（行政機関個人情報保護法42条〜44条，独立行政法人等個人情報保護法42条〜44条）などが義務付けられます。

1．開示・訂正・利用停止請求

一般法（個人情報保護法・行政機関個人情報保護法・独立行政法人等個人情報保護法）と以下の7点で差異があるものの，番号法上，一般法同様，特定個人情報の開示・訂正・利用停止請求が認められます。したがって，特定個人情報を保有している場合は，法令上認められた場合以外は，これらの請求に応じなければなりません。

なお，地方公共団体において個人情報保護条例で個人情報の開示・訂正・利用停止請求を認めていない場合であっても，番号法31条に基づき，特定個人情報の開示・訂正・利用停止請求を認めるよう，条例改正を行う必要があります。

(1) 任意代理人による請求

　行政機関個人情報保護法・独立行政法人等個人情報保護法では，本人・未成年者の法定代理人・成年被後見人の法定代理人のみが，個人情報の開示・訂正・利用停止請求を行えるものとされていました（行政機関個人情報保護法12条1項・2項，27条1項・2項，36条1項・2項，独立行政法人等個人情報保護法12条1項・2項，27条1項・2項，36条1項・2項）。これに対し個人情報保護法では，本人・未成年者の法定代理人・成年被後見人の法定代理人のほか，任意代理人についても，個人情報の開示・訂正・利用停止請求を行えるものとされていました（個人情報保護法25条1項，26条1項，27条1項・2項，29条3項，個人情報保護法施行令8条）。

　番号法では，特定個人情報の適正な取扱い及びその正確性を確保するために，本人からのアクセスのより一層の充実を図り，自身では開示・訂正・利用停止請求を行うことが困難な方についても，請求権を行使できるよう，任意代理人による請求を認めています（29条・30条・31条）。

(2) マイ・ポータル

　番号法では，マイ・ポータル（→Q10）が新設されます。マイ・ポータルで開示請求などが行えるようにされるのは，総務大臣の保有するアクセス記録についてです（附則6条5項，→Q23）。それ以外の情報照会者・情報提供者が保有するアクセス記録や，アクセス記録以外の特定個人情報についても，マイ・ポータルで開示請求などが行えるように検討されていますが，具体的にどのような情報が対象となるかは現時点では未定です。

(3) 他の法令による開示の実施との調整

　行政機関個人情報保護法・独立行政法人等個人情報保護法では，他の法令により開示が定められており，かつその開示の方法がこれらの法律による場合と同一である場合には，行政機関個人情報保護法・独立行政法人等個人情報保護法に基づく開示を行わないこととされています（行政機関個人情報保護法25条，独立行政法人等個人情報保護法25条）。しかし特定個人情報については，他の法令により開示が実施される場合であっても，マイ・ポータルによる開示が行われた

方が，より国民の利便性に資する場合が多いものと考えられるため，他の法令による開示の実施との重複が認められています（29条・30条・31条）。

(4)　開示手数料の減免

　本人からのアクセスのより一層の充実を図るため，経済的事情によらず開示請求を行えるよう，番号法では開示に要する手数料について減額又は免除できるようにされています（29条・30条・31条）。

(5)　利用停止請求

　上記で特定個人情報の開示・訂正・利用停止請求が認められると説明しましたが，これは一般の特定個人情報についてであり，アクセス記録については，開示・訂正請求のみ認められています（30条）。アクセス記録は情報提供ネットワークシステムにおいて自動保存されるものであり，利用停止請求事由に該当する場合が想定されないこと，また仮に利用停止請求事由に該当する場合であっても，情報提供ネットワークシステムにおいて適法な情報連携を安定的に実現するためには，不法・不正な連携がなされていないか，システム運用上支障の生じる連携がなされていないかなどを確認するために必要であることがその理由です。

　また，アクセス記録以外の特定個人情報については，利用停止請求が認められるとともに，番号法違反の一定の場合が利用停止請求事由として追加されています（29条・31条）。

(6)　開示・訂正時の移送を行わないこと

　アクセス記録については，開示・訂正時に移送が行われません（30条）。移送規定を適用すれば，即時の開示を期待している開示請求者の利益を害すること，そして他の機関へ移送すべき場合が想定されないことがその理由です。

(7)　訂正の通知先

　アクセス記録の訂正が行われた場合は，一般法と異なり，情報照会者，情報提供者，情報提供ネットワークシステムを設置・管理する総務大臣に対し，通知されます（30条）。

2. 一般法上の規制

　番号法は個人情報保護法，行政機関個人情報保護法，独立行政法人等個人情報保護法，個人情報保護条例の特別法であり，番号法が一般法の特則を定めていない場合は一般法の規定が適用されます（→Q27）。したがって特定個人情報を取り扱うには，上記の番号法に基づく規制以外にも，一般法上の規制に服する必要があることが考えられます。

　一般法上の規制としては，たとえば不服申立ての際の諮問（行政機関個人情報保護法42条～44条，独立行政法人等個人情報保護法42条～44条）などが挙げられます。

---

1) 民間事業者のうち，個人情報保護法上の個人情報取扱事業者に該当する者は，アクセス記録を除く特定個人情報について，同法及び番号法に基づく開示・訂正・利用停止請求規制を遵守する必要があります。また個人情報保護法上の個人情報取扱事業者に該当するか否かにかかわらず，情報提供ネットワークシステムを使用する者は，番号法に基づくアクセス記録の開示・訂正請求規制を遵守する必要があります。

1. 個人番号／(6) 本人からのアクセスの充実

Q. NUMBER 45

全ての特定個人情報，アクセス記録が開示されるのですか。

A. 一般法上不開示情報とされている情報は，番号法においても同様に不開示となります。

1. 不開示情報については一般法が適用

　開示請求は元々一般法（民間事業者は個人情報保護法，行政機関は行政機関個人情報保護法，独立行政法人等は独立行政法人等個人情報保護法，地方公共団体は各個人情報保護条例）に規定がありますが，番号法で特則を定めている部分と定めていない部分があります。たとえば任意代理人による請求（→Q44 の解説 **1**(1)）などは，番号法で特則を定めているため，番号法が適用されます。一方，行政機関や地方公共団体などが開示義務を負わない不開示情報については，一般法の特則が定められていないため，一般法が適用されます。

　したがって，一般法に規定された不開示情報は，これまでと同様不開示情報になります。民間事業者については，本人・第三者の生命・身体・財産その他の権利利益を害するおそれがある場合などが，行政機関については開示請求者の生命，健康，生活又は財産を害するおそれがある情報などが挙げられます。不開示情報の詳細は，行政機関個人情報保護法 14 条・独立行政法人等個人情報保護法 14 条・個人情報保護法 25 条 1 項各号をご参照ください。

2. 部分開示・裁量開示も

　不開示情報は，書面によってもマイ・ポータルによっても，原則として開示さ

れることはありません。ただし，部分開示すべき場合（行政機関個人情報保護法15条・独立行政法人等個人情報保護法15条）や裁量開示できる場合（行政機関個人情報保護法16条・独立行政法人等個人情報保護法16条）は，開示されることが考えられます。なお，部分開示や裁量開示も一般法の規定に基づくものであり，番号法と一般法で差異はありません。

3. アクセス記録に関する不開示情報

　番号法上，確定申告書などの一般の特定個人情報のほか，アクセス記録も開示請求の対象になります。アクセス記録も上記と同様，一般法に規定された不開示情報が番号法上も不開示情報となります。

　ただし，アクセス記録における不開示情報とは，情報連携された内容自体が不開示情報に該当するか否かではなく，アクセス記録自体が不開示情報に該当するか否かで判断されます。たとえば，不開示情報の一類型である，「開示請求者の生命，健康，生活又は財産を害するおそれがある情報」を例とすると，開示請求者の重篤な病状に関する情報が情報連携されたとしても，これは情報連携された内容自体の問題であるため，不開示情報には該当しません。一方，情報照会者の名称はアクセス記録の内容ですが（23条1項1号），情報照会者の名称などから，開示請求者が重篤な病気であることが予見できる場合などは，情報連携された内容自体ではなく，アクセス記録自体が「開示請求者の生命，健康，生活又は財産を害するおそれがある情報」に該当する場合があり，不開示情報になりえます[1]。

　この点は，番号法23条2項に規定があります。不開示情報に該当する場合にも，アクセス記録の作成・保存義務が課されます。その際アクセス記録に，アクセス記録自体が不開示情報に該当するか否かを記録しておき，不開示情報に該当する場合には，アクセス記録が開示されないよう設計されています。

---

1) 番号制度では，カルテ情報などが情報提供ネットワークシステムを介して情報連携されることはなく，上記解説はあくまで不開示情報を説明するための例である点にご留意ください。

1. 個人番号／(7) 情報保護評価

Q. NUMBER 46

情報保護評価とは何ですか。

A. 情報保護評価とは，特定個人情報ファイルを保有するにあたって，番号法に基づき，特定個人情報ファイルの特性に応じた適切な保護措置を講じているかを確認するものです。情報保護評価書を見れば，自分の特定個人情報ファイルが誰にどのように取り扱われているかがわかるようになります。プライバシーポリシーや個人情報ファイル簿を充実させたものとイメージすればよいでしょう。

　情報保護評価とは，番号制度に伴い新設される制度です。問題が発生してから対応を行うのではなく，特定個人情報ファイルを保有する前の段階で適切な保護措置を検討するための制度です。

1. 特定個人情報ファイルの取扱いの透明化を図る制度

　番号法では個人番号の利用範囲が限定されていますが，別表第1を見てもわかる通り，番号法上個人番号を利用できる事務は多岐にわたります。自分の特定個人情報を保有される側の国民から見れば，番号法上認められている利用範囲であるといっても，具体的にどのような事務でどのように自分の特定個人情報が利用されてるのかが，見えにくいとも考えられます。そこで情報保護評価では，行政機関や地方公共団体などが国民の特定個人情報ファイルを保有するにあたって，具体的にどのような事務で特定個人情報ファイルを取り扱うのかを明示し公表することとされています。これにより，個人番号の取扱いの透明化を図ります。

2. 適切な保護措置を検討するための制度

　また番号法ではさまざまな保護措置が規定されており，たとえば目的外利用の禁止，委託先の監督義務などが課されています。しかしこれらの点について，具体的にどのような対策を講じるかまでは，番号法で明記されてはいません。

　特定個人情報ファイルを保有する場合であっても，大量の情報を保有する場合から少量の情報を保有する場合，多数の職員・外部委託先が特定個人情報ファイルを利用する場合から限定された一部の職員のみが利用する場合，さまざまな機関に対し特定個人情報を提供する場合から他の機関に対し特定個人情報の提供を行わない場合など，取り扱われる特定個人情報ファイルの性質や取扱方法は，さまざまです。国民のプライバシー権を保護するためにとるべき措置は，このような特定個人情報ファイルの性質によって異なることが考えられます。

　そこで，情報保護評価では，取り扱う特定個人情報ファイルの特性を考慮して，具体的にどのような対策を講じるのか，どのようにプライバシー・リスクを軽減するのか行政機関や地方公共団体などが宣言した上で，その適切さを示すこととされています。これにより，適切な保護措置の検討・実践を図ります。

3. 取扱い実態とリスク対策を確認することができる

　情報保護評価ではまず評価書案が作成されます。評価書案は必要に応じ公示され国民や第三者専門家の意見を求めて，見直されます（→Q48）。そのようにして見直された評価書は広く公表され，国民が自由に閲覧することができます。

　番号制度に対しては，国家が個人を管理するのではないか，国家に限らずさまざまな機関で個人番号が不正に取り扱われるのではないかといった懸念が考えられますが，情報保護評価書を確認することで，個人番号が具体的にどのように取り扱われ，どのようなプライバシー・リスク対策が講じられるのかが公表され，どなたでも確認できるようになります。

1. 個人番号／(7) 情報保護評価

Q. NUMBER 47
情報保護評価が義務付けられるのはどのような場合ですか。民間事業者も情報保護評価を実施しなければなりませんか。

A.
　　行政機関・地方公共団体・独立行政法人等，地方独立行政法人，地方公共団体情報システム機構が特定個人情報ファイルを保有する場合は，原則として情報保護評価の実施が義務付けられます。
　　また，これら以外の者，たとえば民間事業者であっても，情報提供ネットワークシステムを使用する者は，情報保護評価の実施が原則として義務付けられます。

1．情報保護評価の義務付け対象者

　番号法上，情報保護評価を実施しなければならない者は，①行政機関の長，②地方公共団体の機関，③独立行政法人等，④地方独立行政法人，⑤地方公共団体情報システム機構，⑥情報提供ネットワークシステムを使用する者です（27条・2条14項）。これらの者が特定個人情報ファイル（→Q24）を保有する場合には，情報保護評価の実施が義務付けられます。

2．義務付けの理由
(1)　行政機関等に義務付けられる理由

　①行政機関の長，②地方公共団体の機関，③独立行政法人等，④地方独立行政法人については公的性格ゆえに，情報提供ネットワークシステムを使用するか否かにかかわらず，情報保護評価の実施が義務付けられます。
　⑤地方公共団体情報システム機構は，個人番号のもととなる番号を生成すると

いう職務の重大性から，情報提供ネットワークシステムを使用するか否かにかかわらず，情報保護評価の実施が義務付けられます。

(2) 民間事業者に義務付けられる理由

これに対し民間事業者は，主に行政手続のために個人番号を取り扱うものであり，営利目的で個人番号を利用するものではありません。一方で，情報提供ネットワークシステムを使用する民間事業者については，事業のために個人番号を取り扱うものであり，番号制度への関与の程度が深く，個人に対して与える影響も大きいものと考えられます。さらに，情報提供ネットワークシステムを使用する民間事業者は，健康保険組合や社会福祉協議会など公的性格の強い事業者が予定されており，その性格からも，情報保護評価の実施が義務付けられます。

なお，**3**の通り，情報提供ネットワークシステムを使用する民間事業者については，全ての業務について，情報保護評価が義務付けられるものではなく，情報提供ネットワークシステムを使用する情報連携に関する特定個人情報ファイルを取り扱う業務のみ，情報保護評価が義務付けられることが予定されています。

3. 情報保護評価の義務付け対象外

ただし，情報保護評価の趣旨・目的に鑑み，上記の者であっても，一定の場合には情報保護評価が義務付けられません。情報保護評価が義務付けられない場合として，番号法では，職員の人事・給与・福利厚生に関する特定個人情報ファイルを取り扱う場合を例として挙げています（27条1項）。具体的には，従業員の給与計算や給与所得の源泉徴収票などの作成業務などが，これに当たります。

またこのほか，特定個人情報保護委員会規則に定められたものは，情報保護評価を実施する義務が課せられません。特定個人情報保護委員会規則は特定個人情報保護委員会により定められますが，現時点では，①情報提供ネットワークシステムを使用する民間事業者が保有する特定個人情報ファイルであって，情報提供ネットワークシステムを介した情報連携に関連しないもの，②会計検査院の検査，③公務員共済などが予定されています。

1. 個人番号／(7) 情報保護評価

Q. NUMBER 48

情報保護評価を実施するためには，
何をすればよいですか。

A. 情報保護評価は，①しきい値評価，②重点項目評価，③全項目評価の3種類に分けられます。まずは①しきい値評価を実施し，①しきい値評価の結果，さらなる評価が必要と判断されれば②重点項目評価を，①しきい値評価の結果，さらなる詳細な評価が必要と判断されれば③全項目評価を実施する必要があります。

　プライバシーに及ぼすインパクトに応じたメリハリのある評価が行えるよう，情報保護評価では，段階的仕組みが採用されています。

1．段階的仕組みが設けられた趣旨

　情報保護評価の実施が義務付けられる場合であっても，全てについて同一レベルの情報保護評価が求められるわけではありません。

　個人情報の取扱いの透明化は，情報保護評価が導入されていない一般法においても，個人情報ファイル簿の公表（行政機関個人情報保護法11条・独立行政法人等個人情報保護法11条），個人情報の開示請求（行政機関個人情報保護法12条・独立行政法人等個人情報保護法12条・個人情報保護法25条）などによって，既に図られているものです。

　また，求められる保護措置について事前に検討することも，情報保護評価が導入されていない一般法下においても，当然求められるものであり，情報保護評価はこれを体系的に事前に検討することができるようにするためのツールにすぎま

せん。

　情報保護評価が導入された趣旨は，番号制度導入により，国家が個人の情報を管理するのではないか，国家に限らず個人番号が不正に取り扱われないかといった懸念に対応するためであり，全ての特定個人情報ファイルについて一律の評価を画一的に求めては，そもそも，プライバシー・インパクトに応じた適切な保護措置を検討するという情報保護評価の趣旨も貫徹できず，法律に基づく義務だからといって，形式的に評価が実施されるだけになってしまうおそれも考えられます。

　そこで，情報保護評価では，プライバシー・インパクトの大きいものについて特に充実した評価が行われるよう，3段階の仕組みが設けられています。①簡潔なしきい値評価，②さらなる評価を行う重点項目評価，③詳細な充実した評価を行う全項目評価の3種類の評価に分けられます。

2．情報保護評価の実施の仕組み

　情報保護評価では，まずしきい値評価を実施します。しきい値評価の結果，情報保護評価のさらなる必要性の程度を判断し，さらなる評価が必要と判断されれば重点項目評価が義務付けられ，さらなる詳細な評価が必要と判断されれば，全項目評価が義務付けられます。

　しきい値評価，重点項目評価，全項目評価となるにつれ，評価書の記載レベルも充実し，評価の実施プロセスもより慎重なものとなります。評価書の記載レベルでいえば，重点項目評価はしきい値評価の6倍程度，全項目評価はしきい値評価の12倍程度の評価内容となります。

3．情報保護評価の実施プロセス

　次に，評価の実施プロセスについて解説します（→図22）。

　しきい値評価を実施するためには，まずしきい値評価書を作成しそれを公表することが求められます。

　次に，しきい値評価書に基づきしきい値評価の結果を判定します。情報保護評

価は自己評価であるため，しきい値評価の結果も各機関が自分で判定します。その際判定が各機関の恣意に流れないようしきい値評価結果は，取扱者数などの客観的指標に基づき判定されます。

　しきい値評価の結果，重点項目評価が義務付けられる場合は，しきい値評価書の作成・公表後，重点項目評価書を作成し公表します。必要に応じ，重点項目評価書について国民から意見を聴取したり第三者専門家による点検を受けることになります。

　しきい値評価の結果，全項目評価が義務付けられる場合は，しきい値評価書の作成・公表後，全項目評価書を作成します。全項目評価書は全件，国民から意見を聴取し，かつ第三者専門家による点検を受ける必要があります。また，国民の意見や第三者専門家の点検を受け，必要な見直しを行った全項目評価書を公表する必要があります。

　なお，点検を行う第三者専門家は，行政機関，独立行政法人等，地方公共団体情報システム機構，情報提供ネットワークシステムを使用する民間事業者については，特定個人情報保護委員会（→Q50）が予定されています。地方公共団体・地方独立行政法人については，地方の自主性等に鑑み，原則として個人情報保護審議会・審査会とすることが予定されています。

図 22／情報保護評価の仕組み

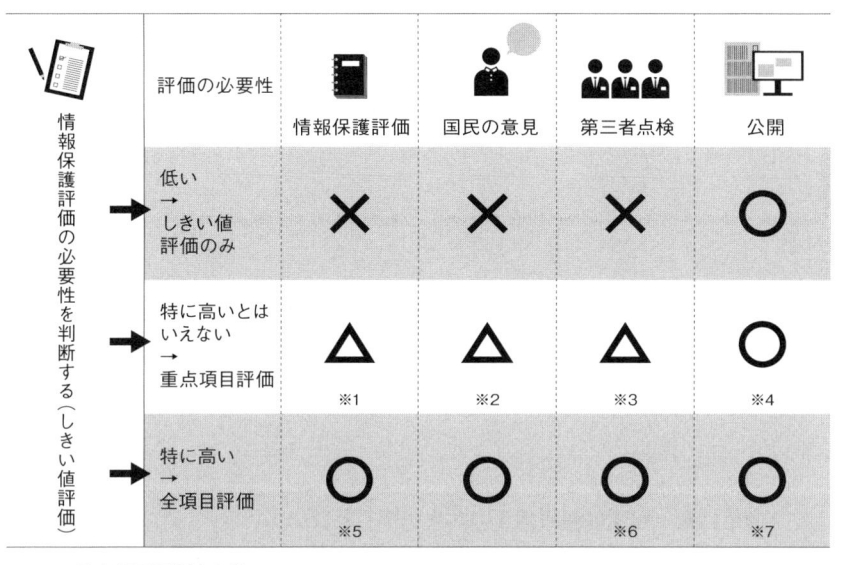

情報保護評価の必要性を判断する（しきい値評価）	評価の必要性	情報保護評価	国民の意見	第三者点検	公開
	低い→しきい値評価のみ	×	×	×	○
	特に高いとはいえない→重点項目評価	△ ※1	△ ※2	△ ※3	○ ※4
	特に高い→全項目評価	○ ※5	○	○ ※6	○ ※7

※1　重点項目評価を実施
※2　各機関の裁量により意見聴取
※3　重点項目評価をサンプリングチェック（地方公共団体・地方独立行政法人においては任意）
※4　しきい値評価書，重点項目評価書を公開
※5　全項目評価を実施
※6　行政機関等においては特定個人情報保護委員会による承認
※7　しきい値評価書，全項目評価書を公開

Q48

1. 個人番号／(7) 情報保護評価

Q. NUMBER 49

情報保護評価を実施すれば，特定個人情報の漏えいは起こらないのですか。

A. 情報保護評価を実施すれば，特定個人情報の漏えいが全く起こらなくなるというものではありません。また情報保護評価はセキュリティ評価ではありません。

1. プライバシー対策は情報漏えい防止に限られない

　情報保護評価は，特定個人情報ファイルの取扱いの透明化を行うこと，そして特定個人情報ファイルの特性に応じた保護対策を事前に体系的に検討することを目的とするものであり，特定個人情報ファイルを保有することで国民のプライバシー権に対して及ぼしかねない悪影響を，情報保護評価を通じて軽減することを目的としています。

　国民のプライバシー権を保護するためには，特定個人情報の漏えいを防止する必要がありますが，プライバシー対策は漏えい防止のみに限られるものではなく，過剰収集を防止したり，不正利用を防止したり，不正連携を防止したりと，プライバシー権保護のためにはさまざまな対策が必要です。

2. 完全無欠な保護対策はない

　また，プライバシー権を保護するために絶対的な措置はなく，あるべき措置を講じていたからといって，いかなる場合においてもプライバシー権が完全に保護されるというものではありません。

　情報保護評価では事前の評価を行うことで，特定個人情報ファイルの特性に応

じた保護対策を事前に体系的に検討することを目的とするものであり，情報保護評価を実施すれば，必ず情報漏えいを防止できるというわけでも，必ずプライバシー権侵害を防止できるというわけでもありません。

　ただし，プライバシー権侵害を絶対的に防止できないからといって，何にも対応を行わないというのではなく，情報保護評価を行うことで，適切な保護方策を事前に総合的に検討したり，各機関の職員が特定個人情報ファイルを取り扱うに際してプライバシー権保護の意識を強く持つことなどを通して，国民のプライバシー権に対して及ぼしかねない悪影響の軽減を図ります。

3．セキュリティ評価ではない

　また，情報保護評価というと，セキュリティ評価と混同されることがありますが，情報保護評価はセキュリティ対策を評価するものではありません。もちろんプライバシー権保護のためには適切なセキュリティ対策を講じる必要がありますが，プライバシー権保護は，セキュリティ対策のみに限られるものではありません。情報が収集され，利用され，管理され，提供され，消去される間で，具体的にどのような取扱いがなされ，どのようなプライバシーに対するリスク対策が講じられているかが，情報保護評価では検討されます。

　具体的にはたとえば委託に際し情報がやりとりされる場面では，どのように委託先を選定し，どのように委託先を監督するか，委託先との契約条項はどのようにするか，再委託許諾はどのように行うかなどを検討していき，委託先が不正に特定個人情報を取り扱ったり，不正に再委託を行うなどのプライバシー・リスクを軽減し，特定個人情報が不適切に取り扱われて対象者のプライバシー権を侵害することがないように，対策を講じます。

1. 個人番号／(8) 執行強化①

Q. NUMBER 50

特定個人情報保護委員会とは何ですか。

A.

　特定個人情報が適切に取り扱われているか，監視・監督する機関です。特定個人情報は行政機関においても多数保有される予定ですが，特定個人情報を取り扱う行政機関に対しても厳格な監視・監督が行えるよう，独立・中立した第三者委員会として設立されます。

1．特定個人情報の取扱いを監視・監督する

　番号法では，特定個人情報に対しさまざまな保護措置を規定しているところですが，番号法に基づく適正な取扱いが確保されるためには，法規制が存在するのみではなく，法規制が遵守されているか確認することが不可欠です。そこで番号法では，行政機関や地方公共団体などにおける特定個人情報の取扱いについて十分な監視・監督を行えるよう，特定個人情報の監視・監督機関として，特定個人情報保護委員会が新設されることとなりました（36条1項）。

2．プライバシー権保護のための行政機関

　日本ではさまざまな行政機関が設置されています。経済・産業発展であれば経済産業省，環境保全であれば環境省，消費者保護であれば消費者庁などが既に設置されていますが，国民のプライバシー権保護のために設置されている行政機関は，これまではありませんでした。

　これに対し諸外国では，国民のプライバシー権保護のために，プライバシー・コミッショナーなる機関が設置され，目を光らせている例が多く見られます。日

本でも，プライバシー・コミッショナーのように，プライバシー権保護・個人情報保護に関する中立的な第三者機関を設置すべきではないかとの検討がこれまでされてきたところです[1]。

番号法に基づき導入される個人番号は，対象者を正確に特定することができるものであり，不正に取り扱われると個人のプライバシー権に対し重大な影響を及ぼすおそれが考えられます。そこでかねてからの議論も踏まえ，番号制度における国民のプライバシー権保護のための行政機関として，特定個人情報保護委員会が設立されることとなりました。

3．独立・中立した第三者委員会

特定個人情報保護委員会は行政機関ではありますが，通常の省庁とは異なり，委員会として設置されます。特定個人情報は行政機関において多数保有されることが考えられますが，行政機関が行政機関を監視・監督するに当たり，馴れ合いが生じないよう，また海外のプライバシー・コミッショナーにも独立性が要求されていることから，特定個人情報保護委員会は，監視・監督対象たる他の行政機関から，独立・中立した第三者委員会として設立されます。

特定個人情報保護委員会は行政機関からの独立性が高い，いわゆる3条委員会として設置され（36条1項），委員長及び委員の人事は国会同意人事であり（40条3項），かつ委員長及び委員は独立して職権を行使すること（39条）が番号法上明記されています。

なお，3条委員会とはあまり聞きなれない名称かと思われますが，公正取引委員会や原子力規制委員会などが3条委員会のその他の例です。つまり，公正取引委員会並みの組織が，番号制度におけるプライバシー権保護のために設置されることとなります。

---

1) 国民生活審議会「個人情報保護に関する取りまとめ（意見）」（平成19年6月29日）24頁。

Q. NUMBER 51

特定個人情報保護委員会は何をするのですか。

A.

特定個人情報保護委員会は，特定個人情報が適切に取り扱われるよう，ガイドラインや特定個人情報保護委員会規則を策定したり，特定個人情報の取扱いに問題があった場合には，指導・助言・勧告・命令・措置要求・内閣総理大臣への意見具申などを行い，問題の是正を図ります。

1．特定個人情報保護委員会の任務・所掌事務

特定個人情報保護委員会は，特定個人情報の有用性に配慮しつつ，特定個人情報の適正な取扱いを確保するために必要な措置を講じることを任務とする組織です（37条）。具体的には，以下の業務を行います（図23参照）。

①特定個人情報の取扱いに関する監視・監督（38条1号）
②苦情に対するあっせん（同号）
③情報保護評価（同条2号）
④特定個人情報保護の広報・啓発（同条3号）
⑤国際協力（同条5号）

2．特定個人情報の取扱いに関する監視・監督

特定個人情報保護委員会は，特定個人情報に対して番号法に基づく適正な取扱いが確保されているかを監視・監督します。特定個人情報の取扱い実態を把握するために，特定個人情報保護委員会は，特定個人情報を取り扱う各機関に対し報

図23／特定個人情報保護委員会

任務	個人番号その他の特定個人情報の有用性に配慮しつつ、その適正な取扱いを確保するために必要な措置を講じること
組織	● 委員長1名・委員6名（合計7名）の合議制 　（個人情報保護の有識者・情報処理技術の有識者・社会保障又は税制の有識者・民間企業の実務に関する経験者・地方六団体の推薦者を含む） ● 委員長・委員は独立して職権を行使（独立性の高い、いわゆる3条委員会） ● 任期5年・国会同意人事

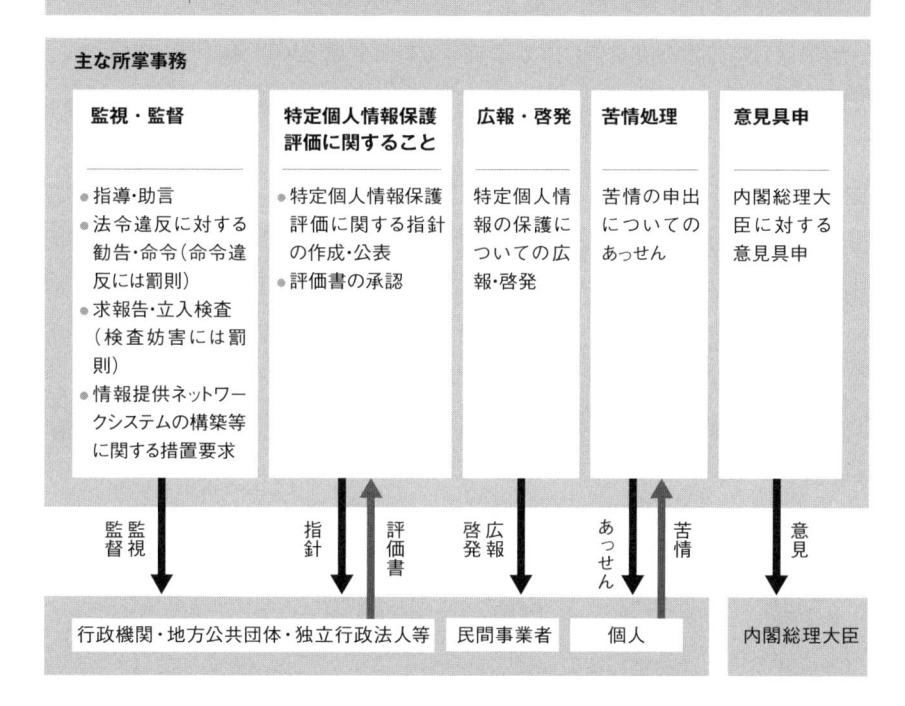

主な所掌事務

監視・監督	特定個人情報保護評価に関すること	広報・啓発	苦情処理	意見具申
● 指導・助言 ● 法令違反に対する勧告・命令（命令違反には罰則） ● 求報告・立入検査（検査妨害には罰則） ● 情報提供ネットワークシステムの構築等に関する措置要求	● 特定個人情報保護評価に関する指針の作成・公表 ● 評価書の承認	特定個人情報の保護についての広報・啓発	苦情の申出についてのあっせん	内閣総理大臣に対する意見具申

監視・監督 ↓	指針 ↑／評価書 ↓	啓発・広報 ↓	あっせん ↑／苦情 ↓	意見 ↓
行政機関・地方公共団体・独立行政法人等	民間事業者	個人		内閣総理大臣

告を求めたり立入検査を行うことができ（52条），特定個人情報ファイルの事前通知を受けるほか（番号法29条及び30条にて読み替えられる行政機関個人情報保護法10条），全ての情報保護評価書の提出を受け，一定の情報保護評価書について承認を行う（→Q48の解説**3**）ものとされています（27条）。

　これらの手段などから得た情報をもとに特定個人情報の取扱いに関し何か問題

Ⅱ　番号法の解説　　139

が発見されれば，助言・指導・勧告・命令や内閣総理大臣への意見具申（50条・51条・55条）などを通し，問題の是正を図ります。

特定個人情報の取扱いをめぐっては，情報システムの設計・運用や稼働状況も重要となることから，特定個人情報保護委員会は，情報提供ネットワークシステムの設置・管理に関して総務大臣と協議するとともに（21条1項），情報提供ネットワークシステムの稼働状況の監視を行います。また情報提供ネットワークシステムに限らず，特定個人情報の取扱いに利用される情報システムについて，措置要求を行うことができます（54条）。

特定個人情報保護委員会による監視・監督と罰則との関係については，Q52をご参照ください。

3. 苦情に対するあっせん

特定個人情報保護委員会は，番号制度における国民のプライバシー権を保護するための組織です。特定個人情報の取扱いについて不安のある方は，特定個人情報保護委員会に申し出れば，特定個人情報保護委員会で必要なあっせんを行います。また2の通り，特定個人情報保護委員会は行政機関や民間事業者などに対し，助言・指導・勧告・命令などを行うことができるため，苦情から深刻な問題が発覚した場合などは，各種権限を行使し事態の是正を図ることができます。

4. 情報保護評価

特定個人情報保護委員会は，情報保護評価制度の詳細を定めるため，特定個人情報保護委員会規則及び情報保護評価指針を策定します（26条・27条）。情報保護評価指針については，時代に応じたプライバシー権保護を行えるよう，3年ごとに改訂することとされています（26条2項）。その他情報保護評価については，Q46～Q49をご参照ください。

5. 特定個人情報保護の広報・啓発

特定個人情報保護が徹底されるためには，特定個人情報保護の意義について広

く理解が得られるとともに、具体的な保護方策の内容についての周知徹底が必要です。そこで特定個人情報保護委員会では、特定個人情報保護の広報・啓発を行います。

特定個人情報保護委員会では、まずは安全管理措置、委託規制などの具体的内容を記載した番号法のガイドラインを策定します。また番号法についてパンフレットを作成したり、ホームページで解説を行うことも考えられます。

6. 国際協力

現代においては、情報が頻繁に国境を越えて流通しており、この点を踏まえると、特定個人情報保護のためには国際協力が欠かせません。海外事業者による特定個人情報の利用、海外サーバにおける特定個人情報の保管など多数の論点があり、海外当局と連携し十分な保護を図っていく必要があります。

7. 国会報告

特定個人情報保護委員会の所掌事務は以上の通りですが、特定個人情報保護委員会の業務遂行状況は、毎年国会に報告されるとともに概要が一般公表される（56条）ため、これによっても確認することができます。

Q. NUMBER 52

どのような罰則が規定されていますか。
特定個人情報保護委員会による対応と罰則の関係はどうなっているのですか。

A.

個人番号の盗用・個人番号カードの不正取得・秘密漏示などの罰則が規定されているほか，特定個人情報保護委員会の命令に従わない場合も罰則の対象となります。

番号法では以下の罰則が規定されています（→図24）。

番号法ではさまざまな規制を設けていますが，全ての規制について罰則が設けられているわけではありません。不正行為に対する罰則は重要でありますが，全てをすぐに罰則で担保するのではなく，特定個人情報保護委員会の権限行使で是正できるものは，まず是正を促すこととされています。そして，特定個人情報保護委員会から是正を促されたにもかかわらずそれに応じない場合は，罰則の対象となります。つまり，特定個人情報保護委員会の命令に従わない場合は，命令違反行為が罰則の対象となっています。

なお個人情報保護法では，原則として，主務大臣の命令を経なければ罰則が科されることはありませんが，番号法では必ずしも特定個人情報保護委員会の命令を経る必要はありません。特定個人情報保護委員会による権限行使を待たずとも，すぐに罰則の対象とすべき場合が番号法67条から72条，75条に規定されており，これらの場合は，特定個人情報保護委員会の命令を経ることなく，処罰することが可能です。

図 24／番号法の罰則

条文	行為	対象者	法定刑
67条	秘密が記録された特定個人情報ファイルの提供	・個人番号利用事務等に従事する者又は従事していた者 ・個人番号の指定・通知に従事する者又は従事していた者 ・個人番号とすべき番号の生成・通知・機構保存本人確認情報の提供に関する事務に従事する者又は従事していた者 ・国外犯処罰（76条） ・両罰規定（77条）	・4年以下の懲役 ・200万円以下の罰金 ・併科も
68条	不正な利益を図る目的での個人番号の提供・盗用	・個人番号利用事務等に従事する者又は従事していた者 ・個人番号の指定・通知に従事する者又は従事していた者 ・個人番号とすべき番号の生成・通知・機構保存本人確認情報の提供に関する事務に従事する者又は従事していた者 ・国外犯処罰（76条） ・両罰規定（77条）	・3年以下の懲役 ・150万円以下の罰金 ・併科も
69条	秘密漏示・盗用	・情報提供等事務（情報提供ネットワークシステムを使用した特定個人情報の提供の求め又は提供に関する事務）に従事する者又は従事していた者 ・情報提供ネットワークシステムの運営に関する事務に従事する者又は従事していた者 ・国外犯処罰（76条）	・3年以下の懲役 ・150万円以下の罰金 ・併科も

Q52

条文	行為	対象者	法定刑
70条	管理を害する行為による個人番号の取得	・限定なし ・国外犯処罰(76条) ・両罰規定(77条)	・3年以下の懲役 ・150万円以下の罰金
71条	職権を濫用して,専ら職務の用以外に供する目的で行った,秘密に属する特定個人情報が記録された文書・図画・電磁的記録の収集	・国の機関の職員 ・地方公共団体の機関の職員 ・地方公共団体情報システム機構の職員 ・独立行政法人等の役員・職員 ・地方独立行政法人の役員・職員 ・国外犯処罰(76条)	・2年以下の懲役 ・100万円以下の罰金
72条	秘密漏示・盗用	・特定個人情報保護委員会委員長・委員・事務局職員(職務を退いた後も同様) ・国外犯処罰(76条)	・2年以下の懲役 ・100万円以下の罰金
73条	特定個人情報保護委員会による命令違反	・特定個人情報の取扱いに関して法令の規定に違反する行為をした者 ・両罰規定(77条)	・2年以下の懲役 ・50万円以下の罰金
74条	特定個人情報保護委員会による報告徴収・資料要求への拒否など	・特定個人情報を取り扱う者その他の関係者 ・両罰規定(77条)	・1年以下の懲役 ・50万円以下の罰金
75条	不正の手段による通知カード又は個人番号カードの交付	・限定なし ・両罰規定(77条)	・6月以下の懲役 ・50万円以下の罰金

1．個人番号／(9) 執行強化②

Q. NUMBER 53
個人，法人，法人の従業員など，あらゆる人に対して罰則が規定されているのですか。

A.
不正行為ごとに，罰則の対象となる者が異なります（→図25）。

1．公務員に対する罰則
まず，公務員については，番号法に規定された全ての罰則（→Q52）の対象となります。

2．一般個人としてではなく，業務として番号法に関与する者に対する罰則
民間事業者で従業員の源泉徴収事務を担当したり，行政機関・地方公共団体などから委託を受けて個人番号利用事務等の一部を行ったり情報提供等事務を行う者などは，以下の罰則の対象となります。
・秘密が記録された特定個人情報ファイルの提供（67条）
・不正な利益を図る目的での個人番号の提供・盗用（68条）
・秘密漏示・盗用（69条）
・管理を害する行為による個人番号の取得（70条）
・特定個人情報保護委員会による命令違反（73条）
・特定個人情報保護委員会による報告徴収・資料要求への拒否など（74条）
・不正の手段による通知カード又は個人番号カードの交付（75条）

3．法人等に対する罰則
自然人ではない法人等は，以下の罰則の対象となります。

図 25／番号法の罰則

条文	行為	公務員	関与者	法人等	一般個人
67条	秘密が記録された特定個人情報ファイルの提供	○	○	○	×
68条	不正な利益を図る目的での個人番号の提供・盗用	○	○	○	×
69条	秘密漏示・盗用	○	○	×	×
70条	管理を害する行為による個人番号の取得	○	○	○	○
71条	職権を濫用して,専ら職務の用以外に供する目的で行った,秘密に属する特定個人情報が記録された文書・図画・電磁的記録の収集	○	×	×	×
72条	秘密漏示・盗用	○	×	×	×
73条	特定個人情報保護委員会による命令違反	○	○	○	○
74条	特定個人情報保護委員会による報告徴収・資料要求への拒否など	○	○	○	○
75条	不正の手段による通知カード又は個人番号カードの交付	○	○	○	○

・秘密が記録された特定個人情報ファイルの提供（67条）
・不正な利益を図る目的での個人番号の提供・盗用（68条）
・管理を害する行為による個人番号の取得（70条）
・特定個人情報保護委員会による命令違反（73条）
・特定個人情報保護委員会による報告徴収・資料要求への拒否など（74条）
・不正の手段による通知カード又は個人番号カードの交付（75条）

4．一般個人に対する罰則

　個人番号利用事務等や情報提供等事務などに従事していない一般個人は，以下

の罰則の対象となります。
・管理を害する行為による個人番号の取得（70条）
・特定個人情報保護委員会による命令違反（73条）
・特定個人情報保護委員会による報告徴収・資料要求への拒否など（74条）
・不正の手段による通知カード又は個人番号カードの交付（75条）

2. 法人番号

Q. NUMBER 54

法人番号は誰に付番されるのですか。

A. 法人番号は，設立登記をした法人のほか，法定調書の記載対象となる人格のない社団等や，国の機関，地方公共団体などに対して付番されます。

番号制度は個人番号と法人番号の2種類から構成される制度です。個人番号は自然人に（→Q3）付番され，法人番号は法人等に対し付番される番号です。

1．法人番号の対象者

法人番号の対象は，以下の通りです。

① 国の機関（58条1項）
② 地方公共団体（58条1項）
③ 設立登記をした法人（58条1項）
④ ①から③以外の法人又は人格のない社団等であって所得税法230条などの届出書を提出することとされている者（58条1項）
⑤ ①から④以外の法人又は人格のない社団等であって，日本で経済活動等を営み国税・地方税の法定調書を提出する義務がある者又は法定調書の記載対象となる者

⑤については，行政機関側でその設立を網羅的に把握することが困難であるため，国税庁長官がこれらの者からの届出を受けた後に，法人番号が付番されることとなります（58条2項）。

2. 法人番号カードはない

　個人番号と異なり，法人番号については，法人番号カードや通知カードは配布されません。ただし，法人番号が指定された場合には，国税庁長官から通知がなされます（58条1項）。

2. 法人番号

Q. NUMBER 55

法人番号を使うことができるのはどのような場合ですか。

A. 法人番号は個人番号と異なり，誰でも自由に利用したり提供することができます。法人番号は，商号・名称，本店・主たる事務所の所在地とともに，原則として公表されます。

1. 法人番号は誰でも自由に利用可

　法人番号は個人番号と異なり，誰でも自由に利用することができます。個人番号も法人番号も対象者を正確に特定することができる番号ですが，個人番号は対象者が個人であるため，プライバシー権を侵害するおそれが考えられるのに対し，法人番号は対象者が法人であるために，プライバシー権侵害のおそれが限定されているため，個人番号と比べ自由に利活用できることとされています。

　個人番号は目的外利用が厳しく禁止され，顧客情報の管理や従業員情報の管理に用いることが原則として認められていません（→Q34）。しかし法人番号については個人番号とは異なり，社会保障・税・防災以外の事務や番号法に定められた事務以外の事務で，自由に利用することができます。したがって，法人番号を取引先管理や電子商取引などに利用することも可能です。

2. 法人番号は誰でも自由に提供可

　法人番号保有者に関する情報で，法人番号によって検索できるものを特定法人情報といいます（59条1項）が，特定法人情報は，特定個人情報と異なり，提供が制限されていません。特定法人情報は，情報提供ネットワークシステムを通

じてやりとりされるものではありませんが、行政機関の長、地方公共団体の機関、独立行政法人等の間でやりとりされるほか（59条1項）、民間事業者間でも自由にやりとりすることができます。

3．法人番号の公表

法人番号は原則として公開されます。国税庁長官は、①商号・名称、②本店又は主たる事務所の所在地を③法人番号とともに公表する義務が、番号法上課せられています（58条4項）。ただし、人格のない社団等については、①②が公知でないことも考えられるため、代表者・管理人の事前の同意を得たものに限り、公表するものとされています（58条4項ただし書）。

行政機関の長、地方公共団体の機関、独立行政法人等は国税庁長官に対し、法人番号保有者の①商号・名称、②本店又は主たる事務所の所在地、③法人番号について情報提供を求めることができます（59条2項）。行政機関の長、地方公共団体の機関、独立行政法人等による特定法人情報の授受を円滑に行うために必要と認められる場合には、代表者・管理人の事前の同意が得られなかった人格のない社団等の情報についても、国税庁長官から必要な範囲で提供されることとなります。

本書のコピー，スキャン，デジタル化等の無断複製は著作権法上での例外を除き禁じられています。本書を代行業者等の第三者に依頼してスキャンやデジタル化することは，たとえ個人や家庭内での利用でも著作権法違反です。

著者紹介

水町雅子
MASAKO MIZUMACHI

弁護士・前内閣官房社会保障改革担当室参事官補佐・アプリケーションエンジニア

　東京大学教養学部（相関社会科学）卒業後，民間シンクタンク（現みずほ情報総研）にてコンサルティング・システム開発等のIT関連業務に従事。東京大学大学院法学政治学研究科法曹養成専攻（法科大学院）を経て，西村あさひ法律事務所でIT案件・ファイナンス案件・企業法務案件に従事後，内閣官房にて番号法立案・情報保護評価立案を担当。

主な著書
『やさしい番号法入門』（商事法務，2014年）
『完全対応自治体職員のための番号法解説』
（共著，第一法規，2013年）

Q&A 番号法　Q&A ON THE NUMBER ACT　YUHIKAKU

2014年3月25日　初版第1刷発行

著者	水町雅子
発行者	江草貞治
発行所	株式会社 有斐閣
	〒101-0051 東京都千代田区神田神保町2-17
電話	03-3264-1314（編集）
	03-3265-6811（営業）
	http://www.yuhikaku.co.jp/

デザイン　北田進吾（キタダデザイン）
印刷　大日本法令印刷株式会社
製本　大口製本印刷株式会社

©2014, Mizumachi Masako. Printed in Japan
落丁・乱丁本はお取替えいたします
ISBN 978-4-641-13161-3

JCOPY

本書の無断複写（コピー）は，著作権法上での例外を除き，禁じられています。複写される場合は，そのつど事前に，(社)出版者著作権管理機構（電話 03-3513-6969，FAX03-3513-6979，email:info@jcopy.or.jp）の許諾を得てください。